Hundägarens handbok

Hundägarens handbok

Sophie Collins

Översättning: Monika Andersson

Innehåll

Förord

För femtio år sedan hade en bok som den här innehållit långa avsnitt om lydnadsträning medan resten av boken – det vi idag tycker är baskunskaper – helt kort tagit upp utfodring och hundens hälsa. Men den senaste tidens forskning och med den en utökad förståelse för hundens beteende har resulterat i ökade kunskaper om hur vi ska behandla och träna våra hundar. Nu för tiden uppfattas våra sällskaps-hundar som individer och tränas med metoder där man inte förlitar sig på bestraffning utan arbetar med hundens förmåga att förstå och vad som motiverar den på ett sätt som hade varit omöjligt för bara femtio år sedan.

Att hunden härstammar från vargen är ett välkänt faktum (i själva verket är det så att hundens och vargens DNA ligger så nära varandra att de räknas som en enda ras av naturforskare). Något som kanske är mindre känt är hur mycket sällskapshundarna har anpassat sig till oss sedan de slutade vara vargar. Det påpekas ofta att hunden lever i vår värld, men om man funderar en stund på vad det faktiskt betyder inser man vilken prestation det är.

Hundar förstår inte mänskligt språk (de kan lära sig att koppla ihop specifika ord med specifika objekt eller handlingar, men det är inte samma sak) och vår kropp skiljer sig så mycket från hundens att vårt kroppsspråk måste te sig som ett mysterium för dem – faktum är att

vårt beteende för det mesta måste verka helt obegripligt för dem. Dessutom är vår värld uppbyggd kring det talade språket medan deras värld kretsar kring deras sinnen, framför allt luktsinnet. Vår värld är uppbyggd för att passa oss, och ändå förväntar vi oss att hunden ska passa in där. Och att så många hundar faktiskt har lyckats med det, med både entusiasm och värdighet, är kanske en förklaring till varför många människor värdesätter sina husdjur så högt och överöser dem med kärlek och tillgivenhet.

För att verkligen få behållning av sin relation med hunden är det värt att lära sig grunderna om hundens beteende, åtminstone så mycket att man kan tyda de starkaste signalerna hunden ger en: om den är glad, rädd, ängslig eller arg. Första kapitlet, om hundens beteende, tar upp en del om hundens kroppsspråk. Signalerna som hunden ger oss kan vara mycket mer subtila än man kan tro, och man missar många av dem om man inte vet vad man ska titta efter. Här får man också tips om hur man kan kommunicera med hunden på dess egna villkor i stället för att man förlitar sig på att hunden ska tyda och agera på det man själv gör.

Det är mycket man måste tänka på när man ska välja rätt hund. Man behöver fundera på hundens temperament och uthållighet, storlek, samt hur mycket tid man vill lägga på pälsvård och hur hunden ska utfodras. Om man inte får det rätt från början kanske man aldrig får en bra relation med sin hund. I det andra kapitlet, om hur man väljer hund, går vi igenom frågor man behöver ställa både sig själv och andra för att

kunna välja den bäst lämpade hunden redan från början. Valp eller vuxen, renrasig eller blandras, från uppfödare eller härbärge, här finns all information som hjälper dig att göra rätt val.

Om man är nybörjare vill man nog veta vad man ska göra de första dagarna och veckorna med sitt nya husdjur och hur man ska ta hand om hunden, allt från att välja rätt diet till hur man sätter igång med träning och uppfostran. Det tredje kapitlet, om skötsel, tar upp vad man ska göra redan från första dagen, när den nya familjemedlemmen kommer hem, oavsett om det är en liten valp eller en fullvuxen hund. Man får lära sig hur man presenterar sin hund för nya erfarenheter och hur man tar hand om problem när saker och ting inte riktigt går som man tänkt sig. Dessutom får man lära sig grunderna om pälsvård och utfodring, råd som bör följas resten av hundens liv.

När man är säker på att hunden har det bra hemma är det dags att börja uppfostra den – hur man får hunden man har till att bli hunden man vill ha. Vi tittar på reglerna för gott uppförande, hur man får hunden att förstå vad man vill och hur man blir en bra flockledare som förtjänar att följas i stället för en tyrann som hunden inte respekterar. Det fjärde kapitlet guidar läsaren genom hela träningsprocessen, från de viktigaste grunderna (gå fot, plats) till det frivilliga men roliga (lära ut konster), och de problem som kan uppstå på vägen. Och, oavsett vilken kondition din hund har, så tittar vi även på motion och hur mycket som

är tillräckligt (vilket alltid är mer än man tror). Många hundar kan ta åt sig äran för att ha omvänt den mest inbitna soffpotatis till en entusiastisk promenadvän, så även du tjänar på att ge din bästa vän det den behöver.

Bokens sista kapitel tar upp hur man håller hunden frisk. Vi går igenom hur man bäst tar hand om sin valp och alla olika hälsoalternativ som finns tillgängliga idag. Vare sig man behöver råd om hur man väljer veterinär eller hur man behandlar ohyra så står allt här, men vi tittar även på de alternativa behandlingsformer, från kiropraktik till homeopati, som nu finns tillgängliga för våra fyrfota vänner. Och till sist få man lära sig hur man tar hand som sin hund under dess sista tid i livet och hur man handskas med det faktum att risken är stor att hunden dör före en själv.

Oavsett om man läser boken från pärm till pärm – i sådana fall får man grundläggande kunskaper om det man behöver kunna som hundägare – eller väljer att använda den som uppslagsbok, så innehåller boken all information man behöver för att välja rätt hund och hur man tar hand om den.

Hundens beteende

Hunden har anpassat sig till vårt dagliga liv så bra att det är lätt att känna igen mänskliga drag i deras beteende, och vi kan göra misstaget att tro att de är precis som oss. Att lära sig tolka hundens beteende från hundens perspektiv, genom att försöka förstå hur och varför hunden beter sig som den gör i naturen och som husdjur, kan vara till stor hjälp för hundägaren.

Förr i tiden ansåg man att flockmentaliteten hos vargar och vilda hundar grundade sig på ”aggressiva” och ”undergivna” individer. Men nyare forskning visar att hundar är duktiga förhandlare och att flockmedlemmar tar på sig olika roller beroende på den uppgift de står inför och på deras individuella personligheter och styrkor.

De här studierna har influerat till teorier om träning och uppfostran och hur man bäst anpassar hunden till livet som sällskapshund. Det här kapitlet tittar på hundens historia, karaktäristiska hundbeteenden och hur man ”ser som en hund” och tolkar hundens kroppsspråk.

Mångfalden bland hundar

Alla tamhundar tillhör en däggdjursart – *Canis familiaris*. Men från schäferhund till chihuahua, mops till grand danois, har en extraordinär mångfald av djur vuxit fram som gör att det verkar röra sig om ett dussintal olika arter.

Om hundarna skulle lämnas utan mänsklig påverkan i tjugo generationer skulle en grupp med ett dussintal olika raser korsa sig med varandra och skapa en ny generation med mer eller mindre generiskt utseende. Och den stora variation av yttre karaktärsdrag som vi lärt oss uppskatta hos våra husdjur idag skulle vara borta. De här blandrashundarna skulle antagligen väga mellan 16 kg och 18 kg, de skulle säkerligen vara brunfärgade och de skulle ha ett balanserat och stabilt utseende som fortfarande är karaktäristiskt för många arbetande raser, som border collie. Under århundradena har hunden utvecklats från sitt tidigare jag till den punkt där många raser inte längre går att känna igen som det djur som var oumbärligt för tidiga jägar- och samlarsamhällen.

SÄLLSKAPSHUNDAR

Hundar har delat sin samvaro med människan i tusentals år. De första hundarna som välkomnades som användbara följeslagare liknade antagligen vår allmänna hund: mager, smidig, snabb och på många sätt kapabel till att klara sig själv.

Enligt moderna rön härstammar tamhunden endast från vargen. Bland andra nutida släktingar finns schakaler, prärievarg och dingo, samt afrikanska och asiatiska vildhundar. Beteendeforskare anser att även om

Till vänster: **Hundvalpar diar, precis som andra däggdjursungar. Valparna kan vanligtvis inte klara sig själva förrän de är minst fyra eller fem månader gamla.**

HUNDENS ANATOMI

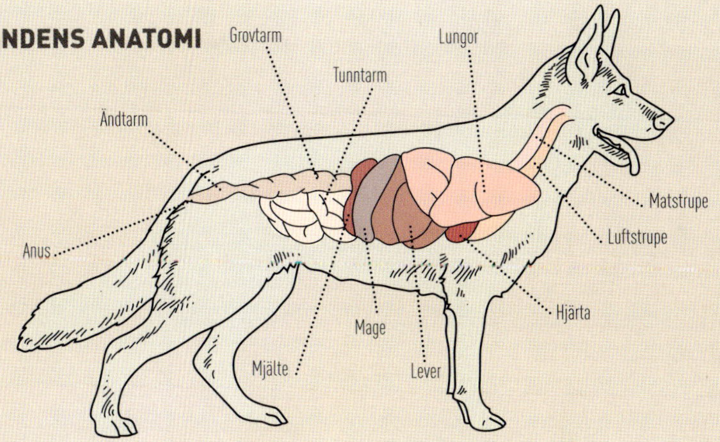

den delar mycket av sitt instinktiva beteende med hunden, så verkar vargen ha vuxit ifrån många hundlika attribut. Om man ser på det från andra hållet kan man säga att vuxna hundar beter sig mer som unga vargar än som vuxna sådana.

Domesticeringen av hundar verkar ha uppmuntrat neoteni hos arten – en process där vuxna individer har kvar juvenila karaktärsdrag, både fysiska och beteendemässiga, hela livet. Ett exempel på detta kan vara de flaxande öron som vissa tamhundar har (och även vargungar, men aldrig en vuxen varg), och det faktum att hundar leker hela livet och inte bara när de är valpar.

Varför det har gått att avla fram hundar som är så olika varandra vet man inte, och hunden är den enda arten som har den här egenskapen. Katter, till exempel, som avlats under hundratals år för specifika utseenden och egenskaper, förblir i större grad identifierbara som katter.

INSTINKT **Specialhundar**

Kanske är det mest förbluffande med tamhunden den stora variation av specialjobb som den kan tränas till att utföra. Hundar har fötts upp specifikt för att jaga olika sorters djur, inklusive lejon, vargar, vildsvin och grävlingar, likaså för att fungera som dragdjur till hästskjutsar och vagnar och för att sitta i knäet på kungligheter. Priset för udda egenskaper tas kanske av den kanadensiska hundrasen nova scotia duck tolling retriever, som är tränad till att leka ystert i strandkanten av en sjö för att på så sätt locka till sig änderna, som sedan kan skjutas av hundens ägare.

Hundar i det vilda

Förr trodde man att hundar inte var något annat än tama vargar. Nu anser man att deras ursprung är lite mer komplicerat. Det finns många obesvarade frågor vad gäller människan och hundens historia.

VILD KONTRA TAM

Många människor refererar till förvildade hundar som vildhundar. Men de är egentligen bara renrasiga eller blandrasiga hundar av rasen *Canis familiaris* som saknar ägare och som rör sig runt bebyggelsen på jakt efter föda och använder sina färdigheter för att kunna överleva. De verkligt vilda medlemmarna i hundfamiljen är av en annan art än vanliga hemlösa hundar. Vildhundar eller vilda hunddjur inkluderar dingo, asiatisk och afrikansk vildhund samt prärievarg och schakaler.

Även om tamhundar delar identisk DNA med vargar (vetenskapligt behandlas de som samma art), skiljer de sig åt beteendemässigt. Forskarna tror numera att det fanns ett mellanliggande utvecklingsstadium mellan den vilda vargen och den tama hunden.

De tror att den sällskapshund vi håller oss med idag härstammar från en halvt förvildad hund som gradvis blev alltmer beroende av människans bosättningar, både för födans skull, och senare, när den visat prov på att kunna vakta, för att få husrum och skydd. Och än idag kan vildhundarnas beteende hjälpa oss att förstå hur inprogrammerat tamhundens beteende är. Framförallt kroppsspråket hos våra husdjur liknar fortfarande på många sätt deras vilda kusiners.

SOCIALT LIV

Att vara en del av en grupp kräver

Till vänster: **Precis som andra vildhundar tillhör den asiatiska vildhunden en annan art än den hund vi har som sällskapshund eller som springer lös på gatorna.**

Ovan: **Många vildhundar, som dingon, lever i flock. I detta slags utökade familj finns ofta ett aktivt par som sköter fortplantningen.**

ett ständigt komplext beteende av individen. Det är en vanlig och missvisande uppfattning att det vilda livet måste bestå av slagsmål. De flesta hundägare känner till konceptet alfahanne, och förr trodde man att dessa hundar endast kunde behålla sin position genom strider, och att de ständigt måste ”visa vad de gick för” inför de mer underlägsna flockmedlemmarna.

Faktum är att det vilda livet är alltför krävande och innebär så många yttre påtryckningar att det inte finns rum för konflikter inom flocken. Forskare som studerar hundens beteende har kommit fram till att status quo inom en flock behålls med mycket mer subtila och nyanserade beteenden. Det gamla ordspråket ”äta eller ätas” stämmer inte alls. Forskning på afrikanska vildhundar har visat att valparna och de äldre hundarna inom flocken tas om hand av friskare och mer lämpliga flockmedlemmar, och forskning på vargflockar har visat på ett komplicerat och ett otroligt kooperativt samhälle där olika roller inom flocken innehas av den flockmedlem som anses vara bäst lämpad.

BESTÄMMA RANGORDNINGEN

Det här betyder inte att det inte förekommer spel om positionerna inom flocken, men verktygen för hur man fastställer komparativ status har utvecklats för att enskilda individer ska kunna hitta sin roll utan att någon behöver komma till skada.

I verkligheten sker de flesta slagsmålen mellan flockmedlemmarna i mitten av rangordningen. De som befinner sig längst ner och högst upp verkar oftare acceptera sina roller i den sociala hackordningen.

Leva i flock

Vad kan vi lära oss om våra husdjur genom att titta på det sociala samspelet mellan hundar? Hunden är mycket skicklig på att uppföra sig i tillsammans med människor, men människor är alltid människor och hundar är alltid hundar.

Erfarna hundtränare, liksom beteendeforskare, tittar på hur vi kan få hunden att förstå oss och hur vi kan lära oss att förstå hundens beteende. Om vi lär oss båda delarna har vi störst chans att få en hund som mår bra och som förstår vad som förväntas av den. Om vi lär oss prata tillräckligt mycket "hundspråk" kan vi lättare göra oss förstådda.

BESTÄMMA STATUS

Så kallade alfahundar är naturliga ledare. De är bestämda och lugna – om de vore människor skulle man säga att de hade goda ledaregenskaper. Alfahundar kan ta hand om en uppstudsig flockmedlem på ett snabbt och rättframt sätt genom styrkeuppvisning eller med ett självsäkert beteende. De tvivlar inte på sig själva och därför tvivlar inte hundar med lägre rang på dem. När hundtränare pratar om att hundägare måste stå för ledarskap är det detta beteende de menar: otvetydig, stark och lätt att läsa av.

I en flock verkar slagsmål ske mellan individer som aspirerar på ledarskapet men som inte har det naturliga självförtroendet för att kunna leva upp till det. Om din hund ibland saknar självförtroende men samtidigt är mycket statusmedveten, måste du vara extra noga med att vara bestämd och konsekvent för att kunna hålla fast vid din ledarskapsroll. Inte alla hundar är statusmedvetna, faktum är att många verkar nästan likgiltiga inför status, och det är dessa individer som i en hundflock kan stå lågt ner i rangordningen utan att ha något emot det och utan att vilja aspirera på en högre rang. Hur statusmedveten en hund är beror lika

INSTINKT **Oro**

Oroliga hundar, oavsett om det beror på oro om status eller inte, dämpas mest effektivt med tydligt, fast och vänligt ledarskap. Det finns bevis för att hundar som saknar självförtroende blir extremt oroliga om de känner att de "måste" klara av saker och ting. Om de slipper det har de lättare att slappna av.

mycket på dess egen personlighet som någonting annat. Alla har vi någon gång träffat på snälla och lättsamma hundar som undviker bråk och situationer som kan leda till en konflikt.

Den hund som är svårast att hantera, både i flocken och hemma, är den som är mycket statusmedveten och dessutom osäker på sin egen roll i flocken. Hundens brist på självförtroende gör att den troligen försöker stärka sin position och utmana ödet, både gentemot sin ägare och mot andra hundar.

Om hunden hade levt med en hundflock, där man måste leta efter mat och kämpa för sin överlevnad, skulle den inte ha möjlighet att oroa sig för sin status, eftersom det inte finns tillräckligt med tid för det.

Ovan: **Instinkten att vakta är fortfarande väldigt stark hos majoriteten av tamhundarna, framförallt runt värdefulla tillgångar: mat, hemmet ("lyan") och, för många hundar, deras leksaker.**

I en hemmiljö, däremot, måste den tama släktingen till dessa vildhundar hållas sysselsatt av flockledaren – hundägaren – för att den inte ska börja tänka på vem som bestämmer.

Till höger: **Vargar och hundar i det vilda slåss inte så mycket inom flocken – kampen om att överleva är för hård för att tillåta det. I stället bestäms statusen med subtila medel, som ett självsäkert kroppsspråk.**

VÄXA UPP

I ett hundsamhälle socialiseras valpen naturligt av flocken, både av de vuxna medlemmarna och av de andra valparna. Valpen uppfostras först och främst av mamman, men också av övriga flockmedlemmar som, ibland kraftfullt, korrigerar valpen om den är olydig.

Uppfostran kan se brutal ut i våra ögon, den vuxna hunden kanske morrar, gör utfall och nafsar, men det är sällan som valpen skadas i de här sammandrabbningarna, hur aggressivt det än kan låta. Dessutom garanterar närvaron av andra ungar i kullen att alla valpar måste dela på resurserna, mat och eventuella leksaker, så de lär sig att tolerera frustrationer och bakslag och skaffar sig nya erfarenheter ju äldre de blir.

För tamhundar sker den här mognadsprocessen under mer konstgjorda förhållanden. Om en valp tas från mamman i samband med avvänjningen (när de är mellan sju och åtta veckor gamla) och sätts i ett hem där den är den enda hunden i en mänsklig flock, måste valpens viktigaste utvecklingsfas, som i stort sett sker när den är mellan åtta och sexton veckor, hanteras med största möjliga försiktighet.

Ovan: **En valp socialiseras genom att leka (och tävla) med sina kullkompisar. Det lär den att ge och ta och som vuxen blir det möjligt för den att hantera frustrationer.**

Det är vid denna ålder som valpar skaffar sig flest nya erfarenheter, och dessa erfarenheter kommer att prägla valparnas framtida beteende. De är extremt mottagliga för intryck under den här perioden, och både dåliga och goda erfarenheter påverkar dem enormt mycket. De avgör om valpen blir en hund som förväntar sig det bästa av nya människor och händelser, eller blir en ängslig hund som närmar sig nya saker med rädsla.

FRÅN VALP TILL VUXEN HUND

I det vilda samlas erfarenheterna naturligt inom en större gruppidentitet. För tamhundar kan socialiseringen (förutom när den hanteras av en exceptionellt försiktig ägare) bli lite mer slumpartad. Naturligtvis är inte alla erfarenheter en vildhund gör positiva. Både hos asiatisk och afrikansk vildhund är dödligheten mycket stor, både bland valpar och vuxna hundar. Men bara det faktum att en valp är en del av en större gemenskap med sina likar ger den bättre stöd och hjälp till utveckling än vad den får om den bor med (vilket det faktiskt är) en helt annan art.

Det kommer mer om valpens socialisering senare i boken (sidorna 86–87). Det viktiga är att ihärdigt underbygga det beteende man vill se, det vill säga att lugnt och modigt kunna närma sig okända projekt, människor och situationer. En rädd valp blir knappast en bra vuxen hund, och en rädd tamhund blir inget bra husdjur.

Om valpen visar tecken på oro eller rädsla måste man själv uppföra sig lugnt och självsäkert. Somliga rekommenderar ägaren att han eller hon helt enkelt ignorerar oroligt beteende. Vissa hundtränare brukar föreslå att hundägaren går med i situationen som orsakar rädslan så lugnt som möjligt och, om det lämpar sig, riktar valpens uppmärksamhet mot något positivt, så att den inte bygger på sin rädsla utan blir positivt distraherad. Det här går emot mänsklig instinkt – de flesta människor som ställs inför en rädd valp plockar upp den och tröstar den.

Vilken väg man än väljer så får valpen aldrig känna att man själv är rädd. Kan man behålla sitt lugn ska valpen dra slutsatsen att det inte finns något att vara rädd för.

INSTINKT **Vuxna "valpar"**

Man kan ibland se spår av valpåldern hos den vuxna sällskapshunden när den vill blidka sin ägare. Hundar som närmar sig från sidan för att slicka i ansiktet visar upp ett valpbeteende som är svårt att bli av med. De kan också försöka slicka en "äldre" hund för att visa att de, som unga, inte är något hot. På ett liknande sätt rullar en hund som vill undvika maktspel över på rygg och visar magen. Det visar hur hjälplös den är.

Luktsinnet

Hur hunden upplever sin omvärld påverkar hur den beter sig. Hundar uppfattar inte världen som vi människor gör – en av de främsta anledningarna till det är att de inte ser och hör på samma sätt som vi.

Människor har bättre luktsinne än vad vi tror (i experiment har personer med förbundna ögon kunnat lukta sig till skillnaden mellan personer de känner och främlingar utan att prata med dem och utan hjälp av parfymer, tvål och så vidare). Men vi förlitar oss i första hand på vår syn och, i lägre utsträckning, vår hörsel för att skaffa information om omvärlden. Hundar är annorlunda.

SE GENOM ATT NOSA

Även de mest skarpsynta hundar, exempelvis vinthundar, där greyhound och saluki ingår, vilka avlats fram för att kunna jaga sitt byte enbart med hjälp av synen, ser dåligt i jämförelse med människan.

Vinthundens förmåga att kunna spåra visuell rörelse är spektakulär, men annars är deras synförmåga mycket typisk för hundar. De är färgblinda i röd–gröna spektrumet och deras omvärld är grådaskig och suddig. Såvida det inte är något i deras synfält som rör sig och som lockar till jakt, kan man inte säga att vinthundar har bra syn.

Hundars luktsinne däremot är, jämfört med människans, en helt annan sak. Det är allmänt känt att hundens luktsinne är 44 gånger starkare än människans. För att inte tala om den flexibilitet och det luktminne som alla hundar har. Man tror att rent faktiskt känner hunden lukten av något tvåtusen gånger starkare än människan.

Som man kan förvänta sig är nosens anatomi mycket komplex. Nosen i sig är inte bara flexibel och rörlig (den är mer rörlig än på de

NOSENS ANATOMI

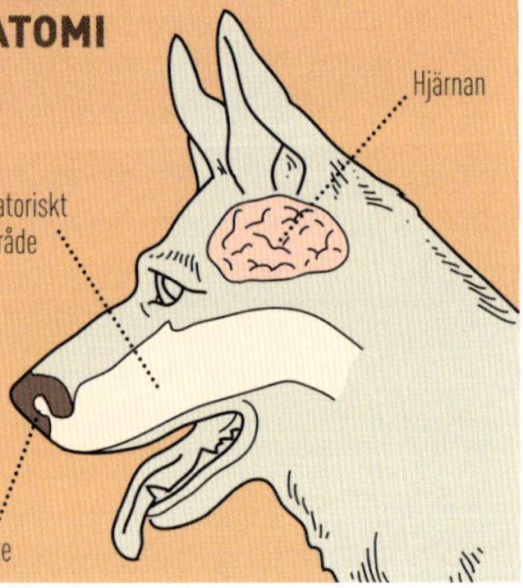

INSTINKT **Olika luktsinnen**

Hundars luktsinnen kan skilja sig åt från varandra. Vinthundar har det starkaste luktsinnet, och inom den här gruppen är det greyhounden som anses ha det mest raffinerade luktsinnet. Andra jakthundar, samt apporterande hundar, har alla fått bra resultat i jämförande studier. Men även den minst doftkänsliga hunden har ett starkare och mer känsligt luktsinne är många andra arter, inte bara människan.

flesta andra däggdjur utan att hunden behöver vrida på huvudet), utan den har också en avsats bakom näsborrarna som håller kvar doftmolekylerna när hunden sniffar. Detta lagringssystem förhindrar att dofter försvinner när hunden andas ut och gör det möjligt för hunden att analysera dofterna.

Hundar har även ett högt utvecklat vomeronasalorgan: ett luktorgan i form av två säckar med luktsinnesceller i anslutning till näshålorna. Flera andra djur har vomeronasalorgan, men oftast är det inte lika utvecklat. Det används framför allt för att upptäcka närvaron av feronomer, det kemiska meddelande som skickas ut mellan individer av samma art. Så hundar har inte bara ett mer förfinat luktsinne än människan, de kan också fånga upp information om en annan hund bara genom att läsa av deras doft.

DOFTER SOM HUNDAR GILLAR

Den här delen av hundens sensoriska liv kan ge uttryck för handlingar som vi inte kan förklara. Även om både hundar och människor kan njuta av doften av grillad kyckling i ugnen så uppskattar vi inte alls andra dofter på samma sätt. Hundar gillar inte starkt parfymerade dofter eller tvålar (sträck fram handleden som du nyss sprejat med favoritparfymen så kommer hunden garanterat att vända sig bort med en äcklad grimas). Men när ni är ute och promenerar kan samma hund bli exalterad över lukter som ägaren tycker är hemska, som rävbajs eller en död fågel, och om hunden kan komma på ett sätt att överföra dessa dofter till pälsen så gör den det.

Nedan: **Hundar kan plocka upp otroligt mycket information om andra hundar bara genom att sniffa runt där de har varit.**

Hundens kroppsspråk

Under de senaste årtiondena har det kommit fram alltmer forskning om hur hundar kommunicerar med varandra. Det har lett till en större medvetenhet om hur sällskapshundar kommunicerar, både med varandra och med människor.

Tack vare det här kan vi nu hoppa över att spekulera i vad hundar känner och, till en viss grad, börja tolka vad de försöker säga oss. Men hur mycket av deras kroppsspråk som är instinktivt och automatiskt och vilka aspekter av det som medvetet är anammat för att kunna meddela sig med sin omgivning råder det fortfarande delade meningar om.

På följande sidor ges en kortfattad vägledning till grunderna i hundens kroppsspråk. En närmare titt på hundens ögon, öron, mun, ansikte och svans, tillsammans med dess allmänna attityd och uppträdande, kan förklara vad den känner.

Till höger: **Det finns bevis för att en del kroppsspråk är inlärt och inte instinktivt, så det är viktigt att man socialiserar valpen försiktigt.**

HUR DET HÄNGER IHOP

Ren allmänt måste man lära sig att sätta ihop alla signaler för att kunna läsa hunden med något slags noggrannhet. Somliga tecken kanske visar att hunden känner starkt för något men inte nödvändigtvis vad den känner, medan andra tecken ger information om hundens humör men kanske inte hur starkt den känner något. Lägger man samman alla dessa tecken får man vanligtvis en klar bild av det hela.

Det kan inte nog understrykas: hundar är extremt duktiga på att sända ut signaler och de flesta andra hundar och människor är duktiga på att läsa av dem. En del saker i det här avsnittet kommer kanske ändå som en överraskning.

Utseendet och formen på vissa raser begränsar dem att fritt kunna uttrycka sig med hjälp av ansiktet och kroppen. Men även om de kan vara svårare att tyda än hos andra hundar så finns ändå signalerna där.

TIPS OCH RÅD

Vad svansen berättar

Svansen känns som det naturliga valet att börja med när man ska prata om hundens kroppsspråk, eftersom svansviftning är något alla känner igen som ett tecken på glädje. Men om man undersöker det lite noggrannare så är inte all svansföring lika med svansviftning. Här är några vanliga svanspositioner:

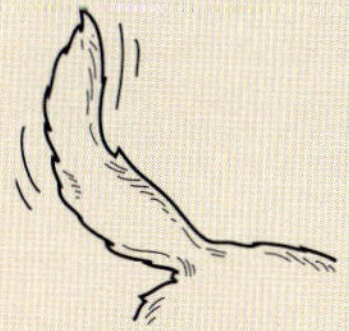

SVANSEN RÖR SIG FRITT I BREDA SVEPANDE RÖRELSER OCH PEKAR NÄSTAN RAKT UPP. En klassisk viftning. Det här är antingen ett tecken på glädje (för att välkomna en besökare, exempelvis) eller på aktivitet i omgivningen – en hund som springer förbi – eller båda dessa situationer.

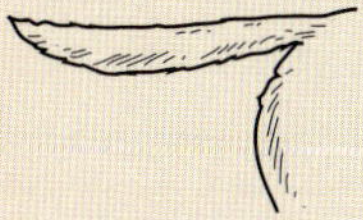

SVANSEN HÄNGER FRITT, VARKEN UPPÅT ELLER NEDÅT, RÖR SIG LÖST. En neutral svans. Hunden är inte engagerad i något speciellt och observerar lojt det som hander runt omkring den.

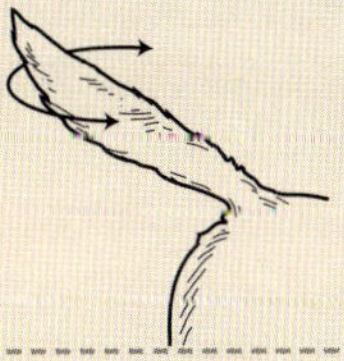

RELATIVT HÖG SVANSFÖRING, RÖR SIG FRÅN SIDA TILL SIDA I EN KORT BÅGE, LÄTT STYV. Det här är inte en glad viftning. Tillsammans med andra "håll dig borta-tecken" ska det ses som en varning. Man kan se det hos en hund som vaktar sina ägodelar eller som är i försvarsställning.

SVANSEN MELLAN BENEN. Det här är en hund är obekväm med situationen eller är rädd för något. Man kan se det hos en hund som måste bada eller som inte vill gå till veterinären.

MYCKET HÖG SVANSFÖRING, MEN STILLA. Hunden kanske intar den här positionen precis innan den ska göra något. Man kan se det hos en hund som upptäckt andra lekande hundar, precis innan den bestämt sig för om den ska vara med eller inte.

ANSIKTEN

När man läser en hunds ansikte är det bättre att iaktta munnen, ögonen och öronen separat och därefter se till hela ansiktsuttrycket. Hur skicklig man blir på att ”läsa av” hur hunden mår bestäms av ens egen förmåga att lägga ihop de olika signalerna och sedan tolka det hela rätt. Det här liknar det sätt på vilket man bedömer hur en person mår: man lyssnar på det de säger och vilket tonläge de har, men man tittar också på deras ansiktsuttryck och kroppshållning.

TUNGAN

Hundar sträcker ofta ut tungan och slickar sig snabbt om nosen och läpparna. Det är en snabb rörelse men hos en del hundar ser man det flera gånger om dagen. Beteendeforskare tror att de här tungrörelserna är en signal till andra hundar, ofta som en liten varning eller som en lugnande signal. En hund som ska gå förbi en annan hund slickar sig exempelvis runt munnen eftersom den inte vet om den andra hunden tolererar att den rör sig i dess närvaro.

TIPS OCH RÅD
Vad ögonen säger

Eftersom det ofta är svårt att se pupillen i hundens ögon och eftersom ögonvitorna nästan bara syns när hunden är mycket upphetsad eller rädd, ska man titta på musklerna runt ögonen för att få en känsla av vad det är för uttryck:

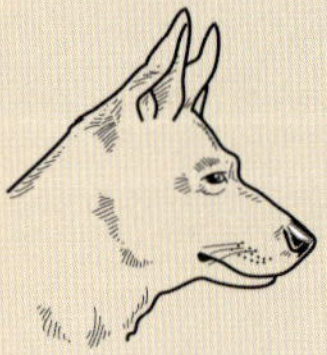

AVSLAPPNADE MUSKLER SOM BILDAR SMÅ RYNKOR RUNT ÖGONEN. Ögonen är inte uppspärrade utan lite rundade. Ett kisande uttryck kombinerat med ett runt öga tenderar att visa en avslappnad och vänlig hund. Det här är den blick man kanske förväntar sig tillsammans med en viftande svans.

IHOPDRAGNA MUSKLER RUNT ÖGONEN OCH EN ”HÅRD”, FOKUSERAD BLICK. Det här är tecken på en stressad hund, som antingen visar aggressivitet eller rädsla. För att avgöra vilket sinnestillstånd det rör sig om, försök ta reda på hur munnen ser ut.

UPPSPÄRRADE ÖGON, VITORNA SYNS, SVAGT RULLANDE. Ögonvitorna syns när hunden är mycket upphetsad. Det indikerar en stark känsla men inte nödvändigtvis vad det är för känsla. Man kan se det både när den leker och när den är i slagsmål med en annan hund.

TIPS OCH RÅD

Vad munnen säger

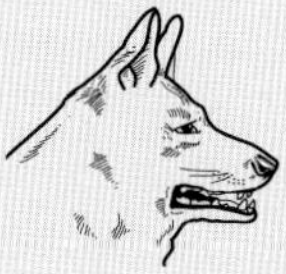

SPÄND I MUNGIPORNA. För att läsa uttrycket runt hundens mun tittar man på mungiporna och nospartiet. De yttre mungiporna dras tillbaka eller rör sig framåt när en hund känner sig pressad. Tillbakadragna mungipor indikerar att hunden intar försvarsställning och kan vara rädd, medan mungipor som dras framåt visar på att hunden kan vara aggressiv. För det mesta är mungiporna neutrala: varken tillbakadragna eller framskjutna.

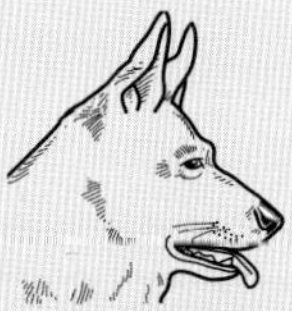

ÖPPEN MUN, TUNGAN STICKER UT LITE, AVSLAPPNAD NOS. Så här ser en glad, avslappnad hund ut. Om två hundar brottas och du inte är säker på om det är på lek, titta på deras munnar. Om de är öppna utan spända rynkor runt nosen är det bara på lek.

KNAPPT ÖPPEN MUN, LITE "UPPBLÅST" RUNT LÄPPARNA, STILLHET I ANSIKTET. Det här är ett reaktivt uttryck, hunden håller på att bestämma sig för hur den känner för något som pågår runt omkring och fokuserar på något som den inte känner så starkt inför.

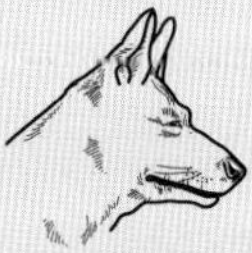

STÄNGD, HOPSNÖRPT MUN OCH RYNKOR RUNT LÄPPARNA. Det här är det "morrande" ansiktet. Hunden kanske inte ger ifrån sig något ljud, men den varnar dig. Tillsammans med en stilla eller stel svans betyder det att man ska hålla sig borta.

STÄNGD MUN, AVSLAPPNAT ANSIKTE, INGA RYNKOR RUNT NOSEN. Vanligtvis indikerar det ett fokuserat uttryck när hunden koncentrerar sig på något och ansiktet är neutralt.

ÖPPEN MUN, TILLBAKADRAGNA MUNGIPOR, RYNKAD NOS, IBLAND VISAS TÄNDERNA. Ett ängsligt och uppskrämt uttryck. Den här hunden ska behandlas med respekt, eftersom en hund som är rädd är en hund som kan bita.

ÖRONENS POSITION

Vildhundar har stora, triangulära uppstående öron (när det gäller afrikanska vildhundar så stora att det nästan blir komiskt). Det är de bästa öronen att höra med, eftersom de kan vändas mot ljudet och har en stor öppen kanal neråt, genom vilken ljudet kan röra sig. Sådana öron är också lätta för andra flockmedlemmar att upptäcka från långt håll, vilket betyder att information snabbt kan spridas över relativt stora avstånd.

Hos sällskapshundar finns det en enorm variation av olika sorters öronformer mellan de olika raserna: från långa, hängande öron, som hos basset eller blodhundar, till uppstående, triangulära öron, som hos schäfer. Därför kan det vara svårt att avläsa deras position.

Om man studerar en hund som inte har en tydlig öronform så ska man alltid titta där örat börjar – där är det lättast att se åt vilket håll örat pekar.

Även hos de mest svårlästa raserna ska man kunna se om örat pekar framåt eller bakåt.

INSTINKT **Lugnande signaler**

Den framgångsrika hundtränaren Turid Rugaas har utvecklat en teori, som nu är brett accepterad, om att hundar ger varandra lugnande signaler för att möten och relationer ska bli lugna och vänliga, och för att avleda varje form av konflikt. I allmänhet kan även mycket små rörelser, framför allt i hundens ansikte, skicka stora signaler om hundens humör.

Signalerna som Rugaas hänvisar till är relativt lätta att märka och helt otvetydiga. Titta efter följande beteende när du ser hundar interagera med varandra: en hund som vänder huvud och kropp åt sidan när en annan hund närmar sig, en hund som plötsligt böjer ner huvudet och sniffar på marken när den ser en annan hund, eller sätter sig ner och kliar sig. Enligt Rugaas är sådana signaler, utsända av välsocialiserade hundar, allmänt erkända i hundgemenskapen och har utvecklats för den speciella avsikten att låta andra djur veta att hunden är vänligt inställd.

Om man studerar hur en grupp lösa sällskapshundar som inte känner varandra interagerar, är det svårt att inte hålla med Rugaas. Man ser samma rörelser användas av olika hundar hela tiden, och vanligtvis är det de lugnaste hundarna som utövar dem oftast.

TIPS OCH RÅD

Vad öronen berättar

Öronen avslöjar vanligtvis mindre än vad ögonen eller munnen gör, men att läsa öronens position är till stor hjälp om man vill förstå hundens humör i stort.

ÖRON RAKT UPP SOM PEKAR FRAMÅT (I EN ÖPPEN TRIANGULÄR FORM) OCH LITE FRAMÅTLUTANDE. Det här kan man bäst beskriva som "beredda" öron. Hunden är alert och redo att agera. Men det säger ingenting om vilket slags stimuli det rör sig om.

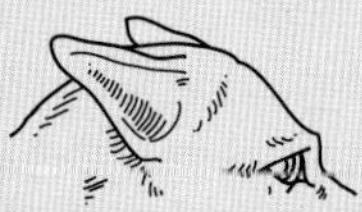

LÄTT TILLBAKADRAGNA ÖRON, NÄRA HUVUDET. Det här är en indikation på att hunden är lätt nervös, eller rädd för något den ser eller hör.

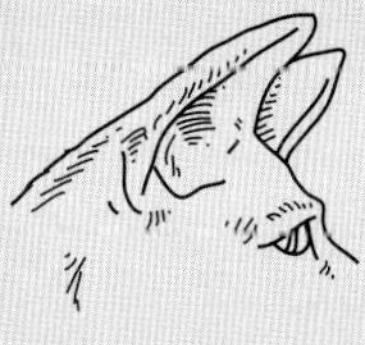

STARKT FRAMÅTLUTANDE OCH UPPRÄTTA ÖRON. De här öronen indikerar upphetsning, utan några ängsliga element. Det är ett kraftfullt tecken på självsäkerhet som betyder att hunden är intresserad av något och redo att agera utifrån det. Beroende på omständigheterna, och hundens övriga kroppsspråk, kan det vara en fingervisning om att hunden är på offensiven och kan vara aggressiv. Om öronen är lite tillplattade och ligger utåt sidorna (inte bakåt) så är det ett ännu större tecken på att hunden är offensiv.

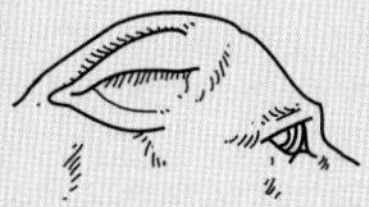

MYCKET TILLBAKADRAGNA ÖRON, TÄTT INTILL HUVUDET. Vanligtvis ett tecken på att hunden både är defensiv och rädd. Om öronen även pekar nedåt är det främst ett tecken på rädsla. De här öronen ser man på en hund som försöker dra sig undan en situation i stället för att röra sig framåt och ta itu med den.

KROPPSSPRÅK

Vi har tittat på hur man läser kroppsspråket i hundens vardera ände – svansen och huvudet. Men hur är det med delarna där emellan? Hela kroppsställningen? Hos somliga hundar är sinnestillståndet så uppenbart att det inte går att ta fel på – en glad hund som leker och springer runt eller en motvillig hund som dras iväg till veterinären, till exempel. Den här typen av automatiska observationer avslöjas till största del av hundens kroppsställning: benen och ryggens linje.

En avslappnad hund har en lätt avspänd rygglinje. Stress gör så att ryggen kutar lätt, och en rädd eller orolig hund har definitivt en konvex rygglinje. En kutad rygg kombinerat med svansen mellan benen är ett tydligt tecken på en ängslig hund.

Ovan: **Luktar hunden längst fram på något gott? Eller har den tagit timeout från de andra och sänder ut signalen "jag är inte med"?**

Lägger man dessutom till krampaktiga ben så får man en spänd eller olycklig hund. På liknande sätt tyder en mycket rak rygglinje, utan några rörelser, på en spänd hund som håller på att bestämma sig för hur den ska agera.

Hur hunden har sina ben kan berätta för oss om den tänker röra sig framåt. En osäker hund kan se ut som om den ska närma sig situationen, men den tar spjärn med bakbenen och kroppen är lätt tillbakalutad. En självsäker hund rör sig framåt med hela kroppen, inklusive benen. En nervös hund är mer ambivalent och sänder ut motstridiga signaler med kroppsspråket.

SAMMANFATTNING

För att upptäcka vilket humör ens hund är på ska man iaktta hela kroppen. Titta på varje kroppsdel i tur och ordning, tolka signalerna och lägg ihop dem. Det bör ge en korrekt helhetsbild.

Man ska alltid studera kontexten i vilken hunden befinner sig. Om hunden har en lätt upprest, stel svans, en avslappnad, öppen mun, och öron som är lätt framåtlutande, samt runda men fokuserade ögon, ska man titta på vad som fångar dess uppmärksamhet.

Om den tittar ut genom fönstret och ner på gatan kanske den bara har fått syn på mattes bil och är glad över att se henne. Om den är utomhus och tittar på en grupp lekande hundar så är den troligaste tolkningen att hunden överväger situationen innan den ger sig in i leken.

PRATANDE HUNDAR

Hundar pratar inte bara med kroppen, de använder sina röster också. Men jämfört med människan, ständigt tjattrande med hundens mått mätt, ger hunden mer sällan ljud ifrån sig. Hur mycket av deras ljud som är ofrivilligt uttryck för hur de mår och hur mycket som är medvetna signaler, är en omtvistad fråga.

Men forskning som gjorts på olika sorters hundskall indikerar att hundskall kan användas för att sända olika meddelanden, från ett enkelt "jag är här" till "vill du leka?". Ofta är det lättare att, med lite övning, lära sig tyda hundens kroppsspråk än att lyssna på den.

VARNING

När hunden vill varna morrar den och det ska man ta på allvar. Ju lägre och stadigare tonhöjd desto starkare är varningen. Bland alla skall- och morrkombinationer så är ett lågt, dovt morrande som knappt hörs det mest allvarliga och signalerar en attackerande hund. Ett högre, mer oregelbundet morrande behöver inte nödvändigtvis betyda att hunden inte kan bli aggressiv, men det är ändå ett mindre hotfullt ljud som betyder att hunden är upphetsad men inte lika koncentrerad i sina avsikter.

Nedan: **Aggressivitet eller varningssignal? Den här hunden visar mycket tänder men musklerna runt ögonen och mungiporna är ganska avslappnade.**

Dominans och undergivenhet

Uppfattningen om dominanta och undergivna hundar var förr allmänt accepterad och den viktigaste delen i studierna om hundens beteende och hundträning, och den står fortfarande i centrum i många äldre träningsformer och handböcker.

Men under de senaste åren har tvivel väckts om den här uppfattningen tillfört något av vikt när man läser av hundens beteende och karaktär. För många hundpsykologer har ordet ”dominant” blivit så misskrediterat att det inte längre används för att beskriva någon aspekt av hundens karaktär eller beteende.

Tyvärr så är uppfattningen om en dominant hund, som måste underkasta sig sin ägare (ofta med tvång), fortfarande mycket vanlig. De flesta hundägare kommer att träffa på den förr eller senare, oavsett om det är genom en bok eller via hörsägen, eller från en hundtränare eller hundpsykolog som använder omoderna metoder. För att kunna förstå varför dominans/undergivenhetsträning och dess idéer börjar bli omoderna måste man ta sig tid att titta på teorin som ligger bakom dem. De flesta hundälskare anser att nyare träningsmetoder är snällare, skonsammare och, framför allt, mer effektiva.

Till vänster: **Det är svårt att säga om den här hunden visar ”undergivenhet” gentemot sin ägare eller om ägaren ”tränats” till att klia hunden på magen så fort den rullar runt på rygg. Det senare verkar mera troligt.**

UNDERGIVENHET

Länge trodde man att sällskapshundar i grund och botten var vargar som levde hos människan och som måste lära sig, ofta med våld, att följa människans regler. Vargar lever i flock, och de medlemmar i flocken som har lägre status visar respekt för vargar med högre status genom att rulla runt på rygg och visa magen, som ett tecken på undergivenhet.

Man ser ofta hundar inta den här positionen naturligt – valpar rullar runt på rygg framför en vuxen hund, särskilt om den känner press, och vuxna hundar rullar undergivet runt på rygg framför en hund de på något sätt ser som skrämmande. Mycket skygga hundar gör det alltid så fort en annan hund närmar sig.

Ovan: **Ögonvitorna syns, spänt nosparti, stängd mun och sänkt huvud tyder på en mycket spänd hund, men på ett defensivt sätt snarare än offensivt.**

TRÄNINGSMETODER

Gradvis utvecklades en träningsteori kring idén att en ägare kunde tvinga en hund till undergivenhet. Hunden skulle känna igen ägaren som ledare och skulle automatiskt respektera och underkasta sig ägaren. Teorin inspirerade till en rad övningar som gick ut på att visa hunden vem som bestämde. Bland dem ingick det att ta en valp hårt i nackskinnet och skaka den varje gång den var olydig, oavsett vad "olydnaden" bestod av (från att kissa på golvet till att slåss med en annan hund). En annan åtgärd, kallad dominansrullning eller alfarullning, bestod i att hunden lyftes upp och kastades på rygg medan ägaren stod över den.

Många upplysta hundpsykologer började snart kritisera metoderna för att orsaka fler problem än vad de löste. Ofta förstod inte hunden vad den hade gjort för att förtjäna en så våldsam korrigering. Hos hundar med högre status som man inte skrämde så lätt blev resultatet ibland aggressivitet gentemot ägaren. Dessutom kunde mer ängsliga hundar reduceras till hukande, oroliga hundar som ständigt var rädda för att bli bestraffade utan att förstå hur de kunde undvika det.

Med tiden stod det klart att inte ens vargar använde dessa metoder för att förstärka sin status gentemot varandra. Tvärtom så tenderar de att vara naturligt toleranta mot valparna och undviker våldsamma korrigeringar. Att fokusera på dominans dömdes ut som ogenomförbart av många och som ett resultat av detta försvann metoder som alfarullning och andra liknande åtgärder.

STATUSEN HEMMA

Vad anhängarna av de gamla dominansteorierna inte tänkte på var hur intelligenta hundar är och hur mycket de bryr sig om sitt eget välbefinnande. Förutsatt att hunden vet och är säker på vilket beteende som leder till bra saker (uppmärksamhet, godis och lek) så kommer genomsnittshunden, såvida den inte utsatts för annan "träning" tidigare, att uppföra sig på det sätt som lönar sig.

En hund som känner sig säker på att bli behandlad på rätt sätt och som vet vad den kan förvänta sig, kommer troligtvis inte att bete sig mer "dominant" än en hund som straffats till undergivenhet.

Det verkar finnas en lika stor medvetenhet om status hos hundar som det gör hos människor och andra djur som lever i sociala grupper. Den interna ordningen i de flesta av dessa grupper, oavsett art, tenderar till att kretsa kring att fördela de resurser som finns tillgängliga. Individer med högre status än de andra i gruppen får fatta besluten om vilken medlem som ska ha vad.

Vi vet inte om hunden är medveten om att människan är av en annan art, men vad de säkert vet är att i ett mänskligt hushåll så kontrollerar människan det mesta av de resurser (uppmärksamhet, mat, leksaker) som de uppskattar. Huruvida hunden glatt accepterar denna kontroll eller utmanar den har att göra med hur den uppfattar sin egen position i status quo.

Förutsatt att de får mat, uppmärksamhet och den motion de behöver, och att deras ägare vill ge dem det, verkar inte många hundar tänka på status alls. De accepterar mer eller mindre vilken plats som helst i hemmet.

Nedan: **Hundar brukar vanligtvis inte bete sig på ett "dominant" sätt så länge de får tillräckligt mycket uppmärksamhet, mat, godis och lekar.**

Till höger: **En hund som inte är statusmedveten är nöjd med att låta både andra hundar och människor runt omkring ta kommandot.**

Omvänt så har de flesta människor någon gång träffat på hundar som är smarta och viljestarka, som vill testa gränserna för vad som är tillåtet hemma och som har kommit på sätt att få som de vill utan att hamna i konflikt med sin ägare.

Hundar måste leva i en mänsklig värld, så även om idén om "härskare" har bytts ut mot "ledare" i hundtränarnas vokabulär är det viktigt att hunden ser dig som en ledare såväl som en kamrat. Det som helt har förändrats sedan den gamla dominansteorin är synen på hur en ägare ska leda på bästa sätt.

Försiktigt, logiskt och konsekvent beteende runt hunden tenderar att resultera i husdjur som kan räkna ut att, baserat på deras erfarenheter, samarbete med människan lönar sig. En hund som vinner på ett sådant förhållande har ingen anledning att utmana det.

LEVNADSREGLER

Vare sig en hund gillar sin plats i hierarkin eller inte, så är bästa sättet att upprätthålla den goda relationen mellan hunden och människan att lära sig kommunicera med hunden så att den förstår. Alla djursamhällen har sina regler om hur man ska uppföra sig, och hundar är precis lika kapabla att acceptera regler som människan är.

För att kunna förklara reglerna för hunden måste vi lära oss att prata med hunden precis lika obehindrat som de pratar med oss. På följande sidor ska vi titta på hur vi lär oss att göra det.

Prata med hundar

Hundar pratar inte mycket, inte med ljud i alla fall, men människor pratar hela tiden. De flesta husdjur verkar glatt acceptera det som något som människor gör, men vad de egentligen tycker om det ständiga pladdret kan vi bara gissa.

Eftersom vårt eget beteende faller sig så naturligt för oss, och eftersom människan har en tendens att se sig själv som skapelsens krona, kan det vara svårt att acceptera idén om att det som verkar vara normalt socialt beteende för oss inte är mer normalt än vad hundens beteende är.

Människan är lika mycket fast i sitt artspecifika beteende som hundar är i sitt – och hundar, så klart, har sina egna speciella hundinstinkter. Det är när de olika arterna möts som deras annorlunda beteendemönster kan ge upphov till missförstånd och skapa problem.

Nedan: **Ögonkontakten och armen runt halsen accepteras av terriern från någon som den känner igen – men det här är ett strikt mänskligt beteende.**

TIPS OCH RÅD

Gör som jag gör, inte som jag säger

De flesta hundägare och entusiaster känner igen raden med beteenden som är svåra för en hund att lära sig. Men något som är svårt för hunden att lära sig kan man lika gärna se på som något som är svårt för människan att lära ut. Här är några exempel:

- Folk tycker att det otroligt svårt att inte upprepa kommandon. För att lära en hund att reagera på "sitt" måste man säga "Sitt!". Men en del hundar (antagligen majoriteten av dem) har lärt sig att sitta som reaktion på: "Sitt, sitt, sitt! Sitt!" Det beror på att människan tycker att det är extremt svårt att sluta prata och reagera på något – som en valp som inte förstår "sitt" första gången – med intelligent tystnad. Det är nästan komiskt att se hur svårt det är för någon att vara tyst när de gett kommandot, trots att hundtränaren har sagt åt dem och de verkligen försöker. Det går emot våra instinkter. När man väl blivit medveten om hur svårt detta är, går det mycket lättare att respektera att våra hundar faktiskt är tjänstvilliga och kan gå emot sina instinkter.

- Och det verkar vara lika svårt för en människa att säga till en hund att göra något och använda samma ord varje gång. Eftersom hundar inte använder ord – det är ett alltför abstrakt koncept i sig själv för att det ska tilltala en hund – måste de använda en serie med mer sofistikerade tankar för att kunna koppla samman specifika ord med specifika instruktioner. Vad kan vi förvänta oss att de ska göra med instruktionen "sitt" när den är inbäddad i en rad med ord som: "Sitt, duktig hund, Ziggy! Nej, jag sa ner, sitt!" Det är nästan värre än att upprepa ett kommando tusentals gånger. Det är omöjligt för en hund att plocka ut relevanta delar i instruktionen och säkert omöjligt för den att veta hur den ska hantera resten. Vårt behov av att prata är så starkt att vi glömmer att det inte är det bästa sättet att göra oss förstådda – inte av en hund, i alla fall.

- En annan mix som är svår för en hund att tolka är en verbal instruktion kombinerad med mänskligt kroppsspråk som verkar motsäga den. Det mest typiska fallet är kanske kommandot "Kom!", kombinerat med ett par steg mot hunden.

  Hunden förstår om du går åt det håll du vill att den ska gå åt, på samma sätt som den tittar åt det håll som du tittar åt. Om man närmar sig hunden samtidigt som man ber den att komma till sig, så är det i hundens ögon en motsägelse. Från hundens perspektiv verkar det mer logiskt om man rör sig bort från den och säger "kom". Det är något som den kan förstå.

Ovan: **De här hundarna hindras av varsitt koppel och möts därför ansikte mot ansikte. Det är naturligt för människor, men för hundar känns det obekvämt.**

Det är inte bara vad man säger som kan verka förvirrande för hunden, utan även kroppsspråket. Även här orsakas problemen av att varje art gör det som känns naturligt för den. Människan beter sig som primater och hundar beter sig som hunddjur. Hundar är också förbryllat uppmärksamma på människans kroppsspråk så de reagerar på de signaler de tror sig se, oavsett om personen som "sänder" signalerna är medveten om det eller ej.

BERÖM OCH UPPMÄRKSAMHET

Nästan alla hundar älskar mänsklig uppmärksamhet. De sällsynta undantagen är mycket blyga hundar eller hundar som blivit misshandlande och som lärt sig associera uppmärksamhet med dåliga saker i stället för bra. Därför är det värt att lära sig hur man hälsar på en okänd hund eller hur man gosar med sin egen på ett sätt som den tycker om. Kroppsspråket hos människor och hunddjur skiljer sig åt på många sätt, även när det gäller något så enkelt som ett "hej". Människor älskar att närma sig på ett rakt och direkt sätt, med ögonkontakt och kanske en kram.

VAD HUNDAR VILL HA

Hundar ser saker på ett helt annat sätt. Varje element i en hälsning människor emellan måste te sig onaturligt, på gränsen till oartigt, för en hund. Från hundens perspektiv betraktas inte ett direkt närmande ansikte mot ansikte som en vänlig hälsning. Vänligt inställda hundar närmar sig varandra från sidan. Ofta börjar de med den bakre delen och nosar sig fram innan de hälsar ansikte mot ansikte. Att titta en annan hund rakt i ögonen kan ses som konfrontationsinriktat bland hundar. Det normala är att en hund sneglar på den andra och sedan tittar bort igen (den hårda blicken som hunden använder när den vill konfrontera en annan hund är lätt att känna igen).

Från hundens perspektiv kan en kram ses som hotfull. Även om det är något positivt bland människor, kan hunden se det som ett försök till att klättra i rang. Om du kramar din hund bör du lägga din ”tass” på hundens skuldra, vilket redan från början placerar dig på en högre nivå än hunden. En hund ser inte det här som en hälsning mellan två jämställda individer.

Med det sagt, du kanske är van vid att klappa och krama din hund, och hunden verkar kanske tacksamt acceptera det. Men det är tveksamt om den verkligen gillar det. Många sällskapshundar har lärt sig att tolerera mänskligt kroppsspråk men det är få, om de fick välja, som föredrar en mänsklig kram framför att bli kliad på magen.

KOMIHÅGLISTA
Så här möts och hälsar vi

Oftast är det hunden som måste anpassa sig efter hur människan gör saker och ting. Ibland är det en bra idé att vända på det och se allt från hundens perspektiv:

- **HÅLL AVSTÅNDET.** Man befinner sig så gott som alltid högre upp än hunden man ska hälsa på, och den uppskattar inte att man tornar upp sig över den, inte mer än vad man själv skulle uppskatta att en annan person hävde sig över en och inkräktade på ens personliga sfär.
- **OM HUNDEN MAN NÄRMAR SIG INTE RÖR SIG FRAMÅT** för att hälsa, ska man inte själv fortsätta framåt. Stå stilla och titta åt ett annat håll, fokusera på något annat i rummet och vänd försiktigt på huvudet. Det här sänder en lugnande signal till en nervös hund och ger den tid att samla sig och bestämma om den ska gå fram eller inte.
- **HÅLL UT HANDEN** lite grann om hunden går fram till dig, och se till att hunden ser den. De flesta hundar ogillar att bli klappade på huvudet. Det medför att de inte kan se var handen är, och medan många hundar gillar att strykas över pälsen så gillar de inte att bli klappade i stackatorytm på huvudet. De flesta hundar, när de kommit fram och sniffat på dig, uppskattar om man krafsar dem lite under hakan eller på sidan om ansiktet, eller runt öronen.

Hundar och lek

Människor leker hela livet och det gör även tamhundar. Vi är ovanliga på det sättet – hos de flesta andra arter slutar de vuxna att leka när de blir äldre. Kärleken till lek har vi gemensam med hundarna, och leken hjälper oss att lära känna våra husdjur.

HUNDAR LEKER TILLSAMMANS

Något man ser i hundens kroppsspråk lika ofta som den viftande svansen är lekinviten: den rörelse hunden gör när den går ner på framtassarna med baken i luften, med den uppenbara avsikten att sätta igång en lek. Den verkar vara allmänt känd bland hundar och används inte bara i början av lekar utan även när leken ändrar riktning, när den jagande hunden blir den som jagas eller när hunden som har leksaken är beredd att låta sin kompis ta den.

Att hundar gillar att leka för sin egen skull bekräftas av det faktum att ojämlikt matchade hundar ofta jämnar ut oddsen för att förlänga leken. I slutet av leken kommer den naturliga rangordningen mellan hundarna att återställas av sig själv. Men medan leken pågår är det underförstått att det är leken som är det viktiga.

LEKA MED SIN HUND

Även om hundar kan vara mycket

Till vänster: **En klassisk lekinvit som man ofta ser hos alla hundar, oavsett ras och oavsett vilken typ av lek de föredrar.**

KOMIHÅGLISTA
Leker de eller inte?

En trevlig lek hundar emellan är rolig att titta på. Men ibland blir hundarna alltför upphetsade och leken kan bli aggressiv. För att kunna se om en lek håller på att bli våldsam ska man titta efter följande tecken. Om man ser något av dessa tecken bryter man leken och flyttar hundarnas fokus till något annat.

- **STÄNGDA MUNNAR.** Lekande hundar har ofta "glada" och öppna munnar. Om hunden fokuserar på något med stängd mun och rynkad nos så har humöret svängt till aggressivt.
- **HÅRDA BLICKAR.** Hundar rynkar på ögonen och "kisar" när de är avslappnade. Om en hund fixerar blicken på en annan hund med uppspärrade ögon är det dags att avbryta leken.
- **STÅR STILLA.** Vanlig lek innehåller korta naturliga avbrott, när den jagande hunden blir den som jagas. Men om en hund står helt stilla och stirrar på en annan hund längre än en sekund eller två, då kan leken vara på väg att bli mer allvarlig.
- **NEDVIKTA ÖRON SOM LIGGER TÄTT MOT HUVUDET.** Ytterligare ett tecken på ökad intensitet och ett inte särskilt lekfullt beteende.

hundfokuserade när det handlar om att leka, så kan de flesta tänka sig att utöka sin repertoar och även leka med människor. Hundar som till största delen har vuxit upp med människor och utan hundsällskap kanske till och med föredrar att leka med människor.

Om man lär sig några få leksignaler som hunden känner igen så kan det öka ens duglighet som lekkamrat – att veta när det är dags att pausa i en lek, till exempel, kan öka förväntningarna och göra hunden mer ivrig på lek.

Variera både lekarna och leksakerna så att det inte blir tråkigt för någon av er. Läs gärna kapitel fyra för att få tips om lekar som stärker det band som redan finns mellan er och som uppmuntrar entusiastisk lydnad.

Hundar kan förlora lite av lekfullheten när de blir äldre, men att leka regelbundet är bra för dem och även ett sätt att se till att man tillbringar mycket aktiv tid tillsammans, i stället för att bara bo ihop utan att umgås. Att upprätthålla intresset för leken håller en gammal hund ung i sinnet samtidigt som det håller den i form.

Lekfull träning kan användas för att träna såväl hundens hjärna som kropp, därför är det värt att experimentera med olika sorters lekar och leksaker hur gammal hunden än är och oavsett ras. Hunden kanske överraskar dig med oväntade kunskaper eller talanger.

Trygghet

Det här kapitlet koncentrerar sig på beteendet snarare än problem med beteendet. Och innan vi går vidare med att välja den hund som passar dig bäst är det värt att understryka hundens grundläggande behov av att känna sig trygg och veta sin roll.

Man känner inte till i vilken grad hundar är analytiska tänkare eller om de kan skilja mellan arterna. Det vill säga, om de förstår att människor inte är hundar och vice versa. Det man vet är att hundar inte rationaliserar på samma sätt som människor gör och att en nöjd och glad hund vet sin plats i tillvaron. En hund som är medveten om sin status och sociala ställning kan vara helt vilse utan något slags vägledning om sin plats i resten av flocken, även om flocken bara består människor.

Ovan: **Den här hunden är osäker på miljön runt omkring och har tagit skydd mellan mattes ben.**

BRUKSHUNDAR

När de flesta tamhundar var brukshundar, och hundar som enbart hölls som sällskapsdjur var sällsynta, låg fokus på att hunden skulle göra sitt jobb vare sig det var som jakthund, herdehund eller draghund.

Idag när många hundar är sällskapshundar finns det inte så mycket jobb för dem att utföra. Men hundar måste få både mental stimulans och fysisk träning. En smart men uttråkad hund kan utveckla beteendeproblem.

Det är viktigt att en sällskapshund förstår sin plats i den sociala strukturen omkring den, men det är också viktigt att den hålls sysselsatt i sin roll som husdjur.

Ovan: **I naturen medför hög status stort ansvar. Men en hund som känner att den borde bestämma över sitt mänskliga hem blir ett jobbigt husdjur.**

VEM BESTÄMMER?

Om inte hunden är medveten om vem som bestämmer i ”flocken” så kan den fatta det ensidiga beslutet att ta på sig ledarrollen. Detta kan leda till alla möjliga problem. Om hunden tror att den är ledare i hemmet kan den exempelvis känna sig tvungen att valla ”sina” barn och kan (värst av allt) nafsa på dem när de uppför sig illa, precis som hunden gör när den uppfostrar sina valpar. Hunden kan dessutom drabbas av separationsångest om ägarna går ut, eftersom hundens instinkt säger den att den bestämmer – hur ska hunden kunna se efter sin ”flock” om den inte vet var den är?

Det här är ett problem som kanske inte direkt ses som statusrelaterat, men det kan mycket väl vara det, beroende på hunden. En hund kanske inte behöver en ”härskare” på det gamla sättet, men i ett mänskligt hem är det bättre om hunden blir ledd än om den får för sig att själv vara ledaren.

STATUS HEMMA

En klar fingervisning om en individs status är förmågan att få det den vill ha, oavsett hur den får tag i det. Statusfrågan tenderar att dyka upp hemma när en hund vill ha något den inte får: kanske en leksak som en annan hund leker med. Det är hur hunden försöker få leksaken som berättar hur självsäker den är. En självsäker hund tar helt enkelt det den vill ha. En hund som ser sig själv längre ner i rangordningen men som aspirerar på en högre rang försöker också ta leksaken, men med mindre självsäkerhet. Och en hund som är nöjd med sina låga status visar vad den vill ha men ger upp om den inte får leksaken på en gång. Alla tre bor i en värld som styrs av mänskliga regler, så även högstatushunden måste förstå att det är du som styr över resurserna och bestämmer vem som ska få vad.

Välja hund

När man bestämt sig för att skaffa hund måste man bestämma vilken typ av hund man vill ha. Renrasig eller blandras, stor eller liten, träningsfanatiker eller soffpotatis? Vill man ha en valp från en uppfödare eller en äldre hund från ett hundhem? Man måste vara säker på att den hund man blir förälskad i är någon som man är villig att ta hand om resten av dess liv. Det är därför viktigt att man gör sin hemläxa. Ta tid på dig och läs igenom följande sidor ordentligt så att du inte ställs inför en söt liten valp som inte passar in i ditt liv. Komihåglistor och frågeformulär gör det lättare för dig att avgöra om du passar som hundägare och guidar dig till den hund vars löpande kostnader, träningsbehov och naturliga temperament passar dig bäst.

Här får du dels veta fördelar och nackdelar med att köpa sin hund från en uppfödare, dels veta hur du hittar din drömhund på ett hundhem eller i ett hundstall. Avsikten med kapitlet är framför allt att öka medvetenheten om vad du kan förvänta dig av din nya hund innan den anländer, så att ni kan få ett långt och lyckligt liv tillsammans.

Varför vill du ha hund?

Innan man börjar leta efter uppfödare eller besöker olika hundhem bör man fundera ordentligt på varför man vill ha hund. Det kan finnas många olika anledningar till varför man vill utöka familjen med en fyrbent medlem, och alla är inte lika goda.

Ju ärligare man är mot sig själv om varför man vill skaffa hund, desto lättare blir det att välja rätt hund. Fundera på om du vill ha en träningskompis, en familjehund eller en rolig kamrat som inte är alltför krävande och som inte käftar emot. Hur mycket tid kan du lägga ner? Dessutom måste du fundera på vad du har råd med, och då handlar det inte bara om vad hunden kostar, utan även de dagliga utgifterna.

Nedan: **Valpar växer upp. Köp inte hund för "barnens skull" om du inte vill ha en själv.**

TÄNK IGENOM DET ORDENTLIGT

Potentiella hundägare analyserar oftast inte ordentligt varför de vill ha hund. Om de ställde några tuffa frågor till sig själva kanske de skulle tänka efter en gång till. Hundar är enormt toleranta och kärvänliga följeslagare, fina träningskompisar och lekfulla vänner, men de innebär ett långsiktigt ansvar med ett eget liv och egna åsikter som man måste ta hänsyn till.

Ta en ordentlig titt på listan över inte så bra anledningar till att skaffa hund. Det är de vanligaste motiveringarna till hundköp, men det är sällan de leder till en lycklig tillvaro. Ren allmänt kan man säga att barn

KOMIHÅGLISTA
Kolla hur motiverad du är

Börja inte med att fråga dig själv "Vilken slags hund?" Den första viktiga frågan är: "Hund eller ingen hund?" Varför vill du egentligen ha hund?

Bra anledningar till att skaffa hund...

- Du vill komma i form och tror att en hund kan hjälpa dig att motionera.
- Du har alltid älskat hundar och har flyttat till ett hus med mer plats och stor trädgård. Det är första gången som en hund passar in i ditt liv.
- Du har gått i pension, bor ensam och har mycket tid för en hund.
- Familjen växer upp och du tror att både du och dina äldre barn skulle tycka om att leka och träna med en hund.

...och anledningar som inte är så bra

- Ungarna har tjatat om en hund i åratal. Om du ger med dig så kommer de nog att göra allt jobb.
- Du har alltid velat ha en (sätt in den ras du gillar) för du älskar hur de ser ut.
- Du jobbar mycket och vill ha lite kravlöst sällskap om kvällarna.
- En vän har precis köpt en gullig valp och du vill ha en likadan.
- Du har precis börjat jobba hemma och tror att en hund är bra sällskap om dagarna.

inte är så bra hundskötare när väl nyhetsvärdet har bleknat.

Välj inte en ras bara för att du gillar hur den ser ut. Om du inte läser på ordentligt kan du få obehagliga överraskningar när hunden avslöjar sina sämre sidor. Arbetar man utanför hemmet varje dag kan man inte förvänta sig att hunden sitter lugnt och stilla bredvid en när man kommer hem. Har din vän en underbar valp? Det är inte riktigt samma sak när man själv får ansvar för sin egen. Vilket egentligen är ganska så självklart när man tänker på det.

BRA ANLEDNINGAR

Å andra sidan finns det många bra anledningar till att skaffa hund. Hundar är bra sällskap till någorlunda aktiva människor som bor ensamma. Många hundar är bra motionsivrare – ett par bedjande hundögon kan övertala den mest inbitna soffpotatis att gå på promenad. Någon tidigare trångbodd som flyttat till hus vill kanske kröna detta med att hälsas välkommen hem av en hund. Så låt dig inte nedslås, utan var bara realistisk med tanke på dina levnadsförhållanden innan du väljer hund.

Vad behöver en hund?

Alla hundar oavsett ras eller storlek behöver mat och vatten, uppfostran, en bekväm sovplats, vård och motion. Och eftersom hundar är sociala djur behöver de även sällskap. Regelbunden lek är också viktigt.

MAT

Hundens matvanor varierar lika mycket som deras storlekar, så matkostnaden varierar också. Gå igenom vad och hur mycket hunden ska äta med uppfödaren eller hundhemmet innan du bestämmer dig. En liten hund kanske inte behöver så stora mängder mat, men den kanske måste ha en speciell typ av foder. En stor hund kanske äter mycket men klarar sig på billigare basfoder. Och självklart finns alltid möjligheten att du skaffar en stor hund som både kräver specialfoder och dessutom stora kvantiteter av det. Det finns bra och ekonomiska sätt att utfodra en hund – inte ens den mest känsliga mage måste skämmas bort med kött – men det är bra att veta redan från början om man får en hund som äter vad som helst eller en som är kinkig med maten. I kapitel tre (se sidorna 98–101) tar vi upp alla olika möjligheter som finns att utfodra sin hund.

TRÄNING OCH UPPFOSTRAN

Mycket tid måste läggas på träning och uppfostran. Om man skaffar en valp så ingår det att träna sin hund att bli rumsren. Uppfostran är viktigt för alla hundar, valp som vuxen, stor eller liten.

Tänk i termer av dagliga korta pass de första 18 månaderna om du skaffar en valp, och antagligen lite

Nedan: **När man beräknar hur mycket valpen kommer att äta, är det bättre att titta på kvalitet än kvantitet.**

längre tid om du väljer en ras som mognar långsamt.

Om man vill ha en vuxen hund så har nog de flesta av dem redan fått lite uppfostran, men behöver antagligen en repetitionskurs i ett nytt hem. Lydnadskurser hjälper till, men de fungerar bara som ett komplement till den uppfostran du själv står för. De kommer inte att göra jobbet åt dig.

Att göra hunden rumsren kan ta längre eller kortare tid beroende på rasen och den individuella hunden, men det kommer antagligen att ta några månader innan de små ”olyckorna” inomhus har upphört helt.

Unga hundar kan inte vänta lika länge på att gå ut som vuxna, så var noga med att valpen får gå ut ofta i början.

PÄLSVÅRD

Om du väljer en slät, korthårig hund så kommer inte bad och pälsvård att vara något stort problem. Bestämmer du dig för en långhårig hund upptäcker du snart att pälsen inte håller sig snygg utan regelbundna bad, dessutom måste du borsta och kamma pälsen lika ofta. Hundar kan inte sköta sin egen päls, men trassel och knutar är obekväma så de kanske försöker, om du inte gör det eller skaffar professionell hjälp. Kolla upp råden om pälsvård innan du bestämmer dig. Somliga hundar fäller mycket, antingen året runt eller under en viss tid på året, medan andra inte fäller något alls. Det är viktigt att veta i förväg vad man kan förvänta sig.

Ovan: **En lång och tjock päls kräver mycket pälsvård, särskilt om hunden är en energisk typ som gillar att leka i vatten och lera och att gräva i trädgården.**

SOVPLATS

”Sovplats” är en övergripande term för det utrymme en hund kommer att behöva i ditt hem. Nästan alla sällskapshundar bor inomhus. Hur mycket plats som hunden ska få ta är upp till dig.

Tänk framåt – en stor sprudlande glad hund utrustad med en korg och kanske även en bur kommer troligen att ta mer plats i ditt hem än vad du tänkte dig från början. Du måste bestämma dig för om den får vara på möblerna eller inte, vara på övervåningen, i sängen och så vidare. Och de flesta hundar behöver även lite egentid, framför allt i ett hushåll med bara en hund.

EN HISTORIA
Rätt hund för en pensionär

En ung familj bestämde sig för att adoptera en två år gammal jack russell terrier från ett hundhem. Paret försäkrade personalen att de hade ett livligt hem, att de praktiskt taget bodde utomhus samt att barnen, sex och sju år gamla, längtade efter en hund.

Efter två veckor insåg de att de gjort ett misstag. De var mycket ute i trädgården, men det räckte inte för en hund med massor med energi och de var för upptagna för att kunna gå långa promenader med den. Ungarna gillade att leka med hunden men var inte intresserade av att träna den. Och hunden blev nervös och nafsade när de hade gäster.

Precis när de bestämt sig för att lämna tillbaka hunden kom barnens morfar och erbjöd sig att ta hand om den. Först trodde de inte att det skulle fungera – om de inte kunde klara av hunden, hur skulle då en 70-årig pensionär kunna göra det? Morfadern påpekade att han inte bara var vältränad och aktiv utan också tyckte om att gå långa promenader och hade gott om tid att leka och träna. Resultatet? Terriern fann sig väl till rätta och blev mer lätthanterlig.

HÄLSOVÅRD

Din hund behöver en veterinär, både för regelbundna kontroller och om den blir sjuk eller råkar ut för en olycka. Det här är en av de minst förutsägbara aspekterna med att ha hund, eftersom behoven skiftar så enormt. Precis som med människor finns det hundar som bara behöver gå till veterinären en gång om året, medan andra måste gå dit en gång i veckan.

Även om man kan läsa på ordentligt om den ras man har valt och verkligen tagit reda på vilka hälsoproblem som kan finnas, så kan man aldrig riktigt förutse hur mycket professionell vård en hund kan behöva.

MOTION

Alla hundar behöver motion, men hur mycket och vilken typ av motion varierar beroende på hundrasen. Storleken har inte alltid betydelse, men de minsta hundarna behöver oftast inte gå så långa promenader (trots att de har mycket energi), just för att de är så små. En greyhound behöver få möjlighet att springa men blir fort trött och är känd för att vara otroligt lugn och tyst hemma. Medan andra raser, som cockerspaniel, retriever eller collie, nästan är omöjliga att trötta ut. Somliga små men kraftfulla raser – som terrier – behöver mer motion än vad deras storlek kanske antyder.

Hur man klarar av det beror på ens livsstil, men de flesta hundar behöver en eller två långa promenader per dag, plus några kortare raska promenader. Kom ihåg att hundar har mest energi i början och i slutet av dagen, så morgon- och kvällspromenader passar bäst för deras biologiska klocka, vilket ofta passar människan bäst också.

LEK

Lek kanske inte är ett "behov" på samma sätt som mat och motion, men de flesta hundar älskar att leka på ett eller annat sätt, vare sig det är med andra hundar, springa efter en boll, jaga en leksak, eller leka dragkamp. När du planerar in hundens dagliga motion ska du även räkna med lekstunden.

Leken stärker bandet till din hund och kan ge den ett "jobb" att utföra (ofta värdefullt för traditionella arbetsraser som behöver mental stimulans såväl som ren motion) och gör promenaderna och tiden tillsammans med dig mer omväxlande på ett hälsosamt och roligt sätt. Lek kan vara lika nyttigt för ägaren som för hunden, att titta på en hund som leker är bevisat avslappnande och avstressande.

FÖRSTÅELSE

Även om det kommer sist på listan, så är förståelse av hunden – framför allt din egen hund – ett modernt tillägg på hundägarens komihåglista. För tjugo eller trettio år sedan hade en hundägare inte ens reflekterat över att hon eller han måste förstå sin hund för att kunna ha en, men med ökad forskning om hundens beteende har det blivit möjligt för folk att "läsa" sina hundar på ett mer korrekt sätt.

Den här kunskapen kan stärka ägarens förhållande till hunden och man undviker beteendeproblem som beror på misstänksamhet mellan arterna snarare än medfödda karaktarsfel. För att kunna förstå sin hund måste man ta sig tid att observera den och läsa på om hundens beteende. Det är värt besväret och kostar inget.

Nedan: **Livliga lekstunder med andra hundar ger din hund massor med övning i socialisering och tröttar dessutom ut den.**

Vad kostar en hund?

Hundar behöver inte kosta så mycket, men alla djur som bor med dig permanent innebär löpande kostnader. För att vara säker på att du har råd med en hund är det bra att göra en budget för vad just den hund du vill ha kostar under ett år.

Innan man bestämmer sig för vilken ras/storlek/typ man vill ha kan man fråga uppfödaren, veterinären eller djuraffären om de troliga kostnaderna, både engångskostnader och löpande kostnader. Några summor får man gissa sig till, men även en gissning kan ge dig en ungefärlig siffra och hjälper dig att undvika ekonomiska överraskningar.

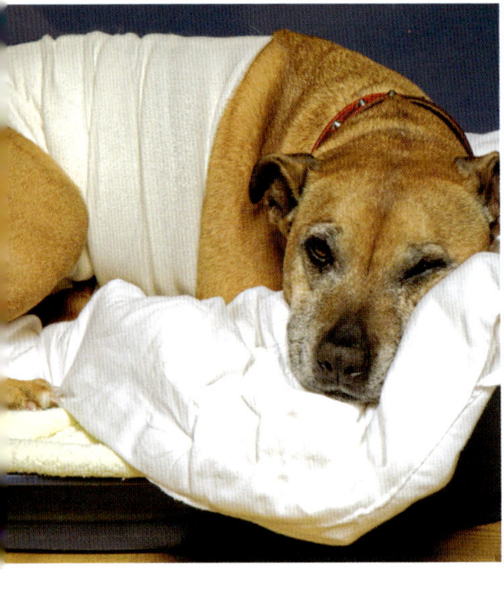

VETERINÄRKOSTNADER

Veterinärbesök står för de högsta kostnaderna en hund har under sitt liv. Man kan välja en hund med så få ärftliga hälsorisker som möjligt, men det säkraste sättet att täcka upp för kostnaderna är att ta en försäkring (se sidan 157).

Även om en försäkring kan vara ganska dyr så är det hanterbart om man slår ut kostnaden på ett år och betalar försäkringspremien månadsvis. Ta alltid med en försäkring i budgeten. Det är värt pengarna att ha sin hund försäkrad ifall den skulle råka ut för en svår olycka eller bli allvarligt sjuk. Veterinärkostnaderna kan uppgå till flera tusentals kronor om hunden skulle behöva opereras. Jämför olika försäkringsbolag och försök hitta den försäkring som passar din hund bäst. Prata med andra hundägare eftersom de ofta har direkta erfarenheter av olika försäkringsvillkor.

Till vänster: **En sjuk hund kan bli en mycket dyr hund, framför allt om den måste opereras eller behandlas med långvarig medicinering.**

KOMIHÅGLISTA

Budget för en hund

Att ställa upp en budget hjälper dig att gå igenom allt vad det innebär att ha hund – inte bara den ekonomiska aspekten utan också förändringar i det dagliga livet och tiden som ska läggas ner på hunden. Gör en lista för att kolla om du inkluderat allt.

Engångskostnader

HALSBAND/KOPPEL
x 3 om man ska räkna ut kostnaderna för en valp, eftersom man behöver byta storlek minst tre gånger när hunden växer.

HUNDKORG OCH/ ELLER HUNDBUR
Man kan budgetera för en hundbur med löstagbara innerväggar som kan plockas bort så att man inte måste köpa en ny bur när hunden blir större.

SKÅLAR
För mat och vatten.

PÄLSVÅRD
Borstar och klotänger.

LEKSAKER
Bollar, tuggleksaker, godis.

TOTALT:

Löpande kostnader

MAT
Ta reda på hur mycket en vuxen hund av samma storlek/ras äter per dag och multiplicera med 365.

VETERINÄR
Räkna med vaccinationer och behandlingar mot mask och loppor.

SEMESTER
Det här beror på ens livssituation, men kan innebära kostnader för hundvakt eller pensionat.

PÄLSVÅRD
Räkna med åtminstone två besök per år hos en hundtrimmare om du väljer en ras som behöver professionell pälsvård: bad, trimning, klippning.

TOTALT PER ÅR:

TOTALA KOSTNADER FÖR FÖRSTA ÅRET:

Hur ser ditt liv ut?

Nu är det dags att titta på ditt eget liv och hur en hund passar in där. Det finns en hund för nästan alla människor, men det är viktigt att man är realistisk när man bedömer vad man har att erbjuda en hund.

En person som har ett heltidsjobb och ett aktivt liv kanske inte är den bästa ägaren för en livlig och ung golden retriever. Det betyder inte att du inte kan få din drömhund att passa in i ditt liv, men du måste vara beredd på att göra lite uppoffringar.

HUNDAR OCH BARN

Många av oss minns hundar från vår egen barndom med mycket värme, och att ha en familjehund kan vara en bra erfarenhet för alla: för de vuxna, hunden och barnen. Men någon i familjen måste ändå vara hundens primära skötare och det bör inte vara ett barn, hur mycket de än tjatar om en hund och lovar att göra allt, från att gå ut med den till att sköta om pälsen och ge den mat. De kan inte betala för den heller, så om man inte själv vill ha hund och varken har tid eller pengar att ta hand om den ordentligt, ska man aldrig skaffa hund för barnens skull.

Och även om hundar kan vara utmärkta lekkamrater till äldre barn som har respekt för dem, kan många hundar tycka att småbarn är skrämmande och opålitliga. Barn gör många saker som kan uppröra en hund, från att gallskrika till att helt oförberett börja nypas eller kramas. Även en snäll hund kan tycka att det blir för mycket med stojande barn, och en nervös eller stressad hund kan lätt rusa upp och bita ifrån och till slut bli aggressiv. Av den anledningen är det viktigt

Till vänster: **Barn måste få lära sig hur de ska uppföra sig runt hundar.**

att kontakter mellan barn och hundar alltid övervakas av en vuxen. Både barnen och hunden måste få lära sig hur de ska bete sig mot varandra.

När man väljer en familjehund ska man inte låta känslorna styra över förnuftet. Hör vad uppfödarna och andra ägare säger om rasen. Om den verkar olämplig för dina levnadsförhållanden, eller om du inte är van vid hundar och rasen du vill ha kräver mycket tid, kanske du ska välja en ras som inte är så krävande och som passar bättre in i ditt liv.

På hundhemmen finns det massor av hundar som införskaffades när de var valpar men som blev för krävande när de blev vuxna. Gör inte samma misstag. Det kan vara lättare att ta hand om en vuxen hund från början, då får du den hund du vill ha, i stället för att välja en valp som växer till en krävande hundtonåring.

HUNDAR OCH SEMESTER

Tänk också på vem som ska ta hand om din hund när du är bortrest. Hundar behöver såväl sällskap som mat och motion medan du är borta. Ska du skicka iväg hunden, anlita hundvakt hemma eller förlita dig på vänner? Tänker du ta med dig hunden på semestern eller föredrar du att resa bort utan hund? Det finns åtskilliga alternativ när man ska välja vem som ska ta hand om hunden när man är bortrest, men många av dem kräver att man bokar i förväg, så noggrann planering är nödvändig.

Ovan: **Semester tillsammans med hunden kan vara roligt och tillfredsställande för er båda.**

PÅ HEMMAPLAN

Tänk över dina levnadsförhållanden. Var kan du promenera med hunden? Finns det bra grönområden eller någon skog i närheten? Eller måste du åka en bit för att hunden ska kunna springa lös? När kan du gå ut med hunden? Kommer hunden att vara med dig under dagarna eller kommer den att vara ensam?

Hundar är mycket anpassningsbara, och förutsatt att deras behov är tillgodosedda kan de vara lika lyckliga i en lägenhet i staden som i ett stort hus på landet. Men det är viktigt att man ger sin hund ett värdigt hundliv i stället för bara ett uthärdigt liv.

Blandras-hundar

Kanske kan du bara tänka dig en hund av en viss ras, men om du inte är inställd på en speciell ras kanske du ska fundera på en blandrashund, antingen en korsning mellan två renrasiga hundar eller en korsning som inte är lika lätt att spåra.

Somliga ägare till blandrashundar som ”innehåller” flera olika raser kan tillbringa timmar med att gissa vilken ras bakåt i tiden som är ansvarig för öronen eller tassarna.

I ena änden har vi en lyckad, planerad korsning som kan skapa en helt ny modell av en hund som blir mycket efterfrågad och som till slut kan komma att erkännas som en egen ras. Labradoodle (en korsning mellan labrador och pudel) är ett exempel på detta. I den andra änden har vi korsningar som helt enkelt är resultatet av oplanerade och olyckliga korsningar.

FÖRDELAR MED BLANDRAS

Blandrasentusiaster är snabba med att påpeka fördelarna med blandrashundar. Det starkaste argumentet är att blandraser inte har de genetiska hälsoproblem som många renrasiga hundar har. En del hundar med stamtavla kommer från en mycket liten avelsgrupp (och därmed en liten genpool) och har avlats i generationer för att förstärka vissa särdrag i deras utseende – den engelska bulldoggens platta ansikte, till exempel, uppstod inte av misstag.

Men andra genetiska misstag är ofta oundvikliga och beror på lång tids avel som leder till ärftliga anlag för

Till vänster: **En imponerande stamtavla blir inte alltid en perfekt familjehund.**

vissa sjukdomar och tillstånd hos många populära raser. Ansvarsfulla uppfödare gör alltid sitt bästa för att avla bort dessa genetiska anlag men de lyckas inte alltid. Blandraser, med en obegränsad genpool, har ofta starkare fysik.

Detsamma kan man säga om temperamentet. Karaktärsfel kan vara ovälkomna sidoeffekter av överavel, även om seriösa uppfödare gör sitt bästa för att undvika dem. Det här betyder så klart inte att man är garanterad en stabil karaktär utan hälsoproblem om man väljer en blandras. Men man har i alla fall förbättrat oddsen.

Till höger: **Blandraser finns i alla former och storlekar, få ägare kan motstå att försöka lista ut exakt vilka raser som ingår i just deras hund.**

VAR HITTAR MAN EN BLANDRAS?

Det första man kan göra som blandrasentusiast är att kolla upp ett hundhem i närheten (se sidorna 64–67), där brukar det finnas många att välja mellan. Hundhemmet kanske även kan erbjuda valpar. Kolla även med vänner och släktingar, eller sök på nätet. Nackdelen med en blandrasvalp från okända föräldrar är att man inte vet hur stor den blir eller vilket humör den har. Om du inte gillar överraskningar bör du välja en vuxen blandrashund.

BLANDRASÄLSKLINGAR

Det är inte bara labradoodlen som blivit populär de senaste åren. Det finns även andra nyfunna raser, som cockapoo (cockerspaniel och pudel), puggle (mops och beagle), poogle (mops och pudel), jack-a-bee (jack russell terrier och beagle) samt schnoodle (schnauzer och pudel). Varje ny ras måste givetvis börja någonstans, och vad är bättre än två olika men redan populära raser?

Pudel och beagle dyker upp något oftare än andra raser i de här sammanhangen, antagligen för att de är respekterade för sitt jämna, goda humör. Dessutom fäller inte pudlar lika mycket som andra hundar. Det gör att de kan tålas av allergiker och den kvaliteten återfinns ibland i pudelkorsningar, vilket kan vara grunden till en del av deras popularitet.

Hund-klasser

Förr delade man in hundar i grupper efter vad de utförde för slags arbete: vallhundar, jakthundar eller vakthundar. Och de bedömdes efter hur bra de var på sitt arbete, utseendet kom definitivt på andra plats efter nyttighet.

VAD ÄR ARV?

Även om en rashund idag kommer från en icke-arbetande släktgren så bör man ändå titta på vad rasen avlades fram att göra från början. Generationer av avel suddar inte ut instinkter så snabbt, och en retriever kan fortfarande ha en stark instinkt att apportera även om dess föräldrar och farföräldrar inte var apporterande hundar. Amerikanska och brittiska kennelklubbar samt en del andra länder använder sig av sju rasgrupper, medan Svenska kennelklubben, som tillhör den internationella hundorganisationen FCI, har tio grupper i sin rasguide.

Till vänster: **En klassisk apporterande spaniel, avlad för att skrämma upp byten i vatten och för att apportera ett skjutet byte.**

1. VALL-, BOSKAPS- OCH HERDEHUNDAR

De här hundarna föddes ursprungligen upp för att valla eller vakta får eller nötboskap, och de sträcker sig från schäfer och belgisk vallhund i ena änden till welsh corgi i den andra. Vanligtvis är dessa hundar energiska och smarta, och flera av raserna används av polis och militär.

Hundarna i den här gruppen är tacksamma men också krävande sällskapshundar, de behöver motionera både kroppen och knoppen. De är inget bra hundval för en stillasittande ägare. Men om de tränas och socialiseras ordentligt kan många raser i den här gruppen bli bra familjehundar.

2. SCHNAUZER, PINSCHER, MOLOSSER, BERGS- OCH SENNENHUNDAR

Här hittar man hundar som främst

INSTINKT **Individualitet**

Glöm aldrig att en renrasig hund både är ett exempel på selektiv avel och en produkt av miljön, samt en personlighet i sig själv. Men hur noga uppfödningen än är så har varje kennel sett exempel på hundar som går mot trenden och som inte har de förväntade karaktärsdragen för just sin ras: blyga schäfrar, border collier som inte kan valla får och avslappnade, lugna jack russell terrier. Individualiteten är lika stark hos hundar som hos människor, och även om uppfödare försöker öka oddsen för att få fram önskade kvaliteter hos valpar (och få bort oönskade) så går resultatet aldrig att förutse till 100 procent.

använts som jakt-, vakt- och herdehundar. Medan en hunds ”medlemskap” i någon av de andra grupperna kan ge en potentiell ägare ett hum om vad han eller hon kan förvänta sig, så stämmer inte det med hundarna i den här gruppen. Schnauzer, grand danois och shar pei ingår alla i den här gruppen, och var och en av dem har sina egna karakteristiska särdrag. Om man funderar på en hund från den här gruppen är det bäst att ta reda på allt om den specifika rasen.

3. TERRIER

Dessa jakt- och kamphundar föddes upp till att vara självständiga och ha god uthållighet för att jaga sina byten, från rävar till råttor. De är målmedvetna och ofta ettriga, och gruppen innehåller några av de bästa grävarna (och skällarna) i hundvärlden. De är populära sällskapshundar men kan vara svåra att träna. De är visserligen karaktärsfulla, men även en väluppfostrad terrier kan vara svår att ha att göra med.

4. TAXAR

En mycket liten grupp som bara består av kort-, lång- och strävhåriga taxar i olika storlekar. Taxen är ursprungligen en jakthund och används fortfarande som sådan.

Till höger: **Afghanhundens glamorösa päls kräver mycket underhåll och döljer en slankt byggd och mycket snabb hund.**

Till höger: **Boxrar är ofta lekfulla och stojiga. De behöver mycket träning för att man ska vara säker på att de följer sin ägare och inte går sin egen väg.**

5. SPETSAR OCH RASER AV URHUNDSTYP

Här hittar man bland annat asiatiska spetsar, som akita, och nordiska jakt- och boskapshundar, som västgötaspets. Här finns även raser av urhundstyp, som basenji.

6. DRIVANDE HUNDAR SAMT SÖK- OCH SPÅRHUNDAR

I den här gruppen hittar man drivande jakthundar och ett antal sök- och spårhundar. De kräver regelbunden motion, men det kan ske i korta intervaller, och förutsatt att de har möjlighet att "springa av sig" så är dessa hundar ofta lugna hemma. De flesta av raserna är utpräglade jakthundar och det kan vara svårt att få dessa hundar att låta bli att jaga mindre djur.

En annan typ av hundar i den här gruppen är de som avlades fram för att spåra byten. Här hittar man bland annat basset hound och beagle. Trots att dessa hundar är kraftigt byggda (ofta med stora hängande öron som sägs hjälpa till att driva fram doften mot nosen) så är de mycket aktiva och mycket uthålliga. De är precis lika målmedvetna att följa ett spår som vinthundar är att jaga efter sitt byte, så de bör alltid gå i koppel där en längre spårjakt kan orsaka problem.

7. STÅENDE FÅGELHUNDAR

De flesta raserna i den här gruppen avlades fram till fågeljakt och används fortfarande för detta ändamål, men många är också populära sällskapshundar. Pointer, setter, münsterländer och vorsteh är raser som hör till gruppen.

8. STÖTANDE HUNDAR, APPORTERANDE HUNDAR OCH VATTENHUNDAR

Den här gruppen består i första hand av olika slags retriever och spaniel. Hundarna föddes ursprung-

Till vänster: **Inte ens hängivna terrierentusiaster kan hävda att det är de mest lydiga hundarna, men ofta är de starka personligheter.**

Nedan: **Chihuahuor tenderar att ha starkt självförtroende som inte passar ihop med deras storlek.**

Till vänster: **En border collie, en av de smartaste och mest lättränade hundarna, men också den mest aktiva av alla raser.**

Till vänster: **Den omisskännliga kroppen och ansiktet på en engelsk bulldogg. En säregen sällskapshund.**

ligen upp för att skrämma upp och apportera jaktbyten från vatten och på land. Ursprunget har överlevt i många raser, inte minst i labrador och golden retriever, som har starka dragningar till vatten. Många populära familjehundar finns i den här gruppen och de flesta av hundarna kräver mycket motion. Här hittar man hundar som mognar sent och som inte blir vuxna förrän efter tre års ålder.

I gruppen finns hundar som kan blir bra sällskapshundar, förutsatt att de får en aktiv ägare med mycket tid för träning och promenader.

9. SÄLLSKAPSHUNDAR

Hundarna i den här gruppen är med några få undantag små och behändiga och passar därför de flesta ägare och deras livsstil. Mops, pudel, papillon och chihuahua är några av dem som platsar i den här kategorin.

Även om sällskapshundar ofta är mycket aktiva antyder deras storlek att de inte kräver så mycket motion. De flesta av dem är intelligenta och lätta att träna. En del sällskapshundar kan vara för små och ömtåliga (och nafsiga) för att passa ihop med små barn, och ibland är de inte tillräckligt robusta för att fungera som familjehund. De gör sig bäst med en enda hängiven ägare.

Trots att hundarna i den här gruppen är så små har många av raserna starkt självförtroende och en välutvecklad känsla för sin egen betydelse. Det är därför viktigt att träna och socialisera dem ordentligt för att undvika att de blir tyranner i fickstorlek.

10. VINTHUNDAR

I den här lilla och likartade gruppen finns snabba jakthundar som avlades fram för att själva kunna jaga ifatt bytet och lägga ned det (jakten är förbjuden i Sverige). Här finns raser som afghanhund, greyhound och borzoi.

En del av vinthundsraserna används numera för hundkapplöpning, men de flesta är rena sällskapshundar.

Hitta en valp

När man bestämt sig för en speciell ras och vill skaffa sig en valp är nästa steg att hitta en ansedd uppfödare. Det här är inte det billigaste eller snabbaste sättet att skaffa hund, men man får en bra hund.

EN BRA UPPFÖDARE

Duktiga uppfödare matchar noggrant sina avelshundar och gör sitt bästa för att eliminera kända genetiska svagheter (som finns hos nästan alla raser). De diskuterar också alla möjliga problem eller sjukdomar som är vanliga för just den rasen.

Ansvarsfulla uppfödare låter valpen stanna hos tiken (mamman) åtminstone tills de är minst åtta veckor gamla och använder den här tiden till att börja socialisera valparna och låter dem skaffa sig olika erfarenheter.

De passar på tikarna mycket noga och ser till att de är starka och friska och att de får vila upp sig ordentligt mellan kullarna.

En bra uppfödare kommer antagligen ha lika många frågor till dig som du har till honom eller henne. De vill veta att deras valpar kommer till hem där de blir väl omhändertagna och att de nya ägarna är medvetna om vad just den rasen behöver.

En bra uppfödare ska kunna gå i god för föräldraparets kroppskonstitution och temperament.

Sist men inte minst: en bra uppfödare är alltid beredd på att ta tillbaka hunden om ägarens levnadsförhållande ändras och man inte längre kan ha den kvar.

Till vänster: **De flesta renrasiga hundar har hälsoproblem. Många små raser har svårt att föda naturligt.**

VAR MAN INTE SKA KÖPA VALP

Ibland kan en annons på nätet eller i tidningen om valpar från en privatperson verka som ett bättre och billigare sätt. Men att köpa valp på det här mer informella sättet är inte alltid en bra idé (även om det faktiskt kan fungera riktigt bra om säljaren är seriös och följer SKK:s krav). Man får inga garantier om valpens hälsa och man har ingenstans att vända sig om man får problem senare. Och värst av allt – ibland kan de här annonserna vara täckmantel för rena valpfabriker.

De här "fabrikerna" drivs enbart för att tjäna pengar genom att använda tikar som avelsmaskiner, och djuren hålls under fruktansvärda förhållanden. Tikarna får bo i trånga utrymmen och tvingas föda kull efter kull under hemska förhållanden. Valparna får ingen form av stimulans. Förutom de etiska betänkligheterna med valpfabriker, så får man knappast en frisk valp om man köper härifrån.

HUR HITTAR MAN UPPFÖDARE

Kom ihåg att stora annonser eller snygga webbsidor inte nödvändigtvis säger det man vill veta om uppfödaren. Det bästa är att kolla med Svenska kennelklubben, raskklubbar för just din ras, veterinären, eller prata med andra hundägare. Då är chansen stor att man får ärlig och relativt opartisk information.

Försök att kolla upp fler än en uppfödare (vilket kan vara svårt om man fastnat för en ovanlig hundras), och var beredd på att få vänta på din valp, det är få uppfödare som har en valpkull på lager, redo att säljas i samma stund som du hör av dig.

När du har pratat med uppfödaren bestämmer du tid för ett besök. Om du är nöjd med det du ser frågar du uppfödaren om du kan reservera en valp från nästa kull. Såvida du inte ska ställa ut hunden bör du nämna att du vill ha en sällskapshund, inte en utställningshund.

KOMIHÅGLISTA
Frågor till uppfödaren

- Finns det personer som köpt hund av uppfödaren tidigare som du kan kontakta?
- Har rasen några genetiska problem och har det i så fall funnits sådana problem i tidigare kullar?
- Hur många avelstikar har uppfödaren och hur många kullar får de per år?
- Går det bra att lämna tillbaka hunden om du inte kan ta hand om den?
- Hur gammal är valpen när man får hämta den? Är den avmaskad, har den fått sina första vaccinationer?
- Finns det registreringspapper för valpen? Kolla en kennelklubbs hemsida eller hör med en veterinär hur dessa papper ska se ut för att undvika falska papper.

Omplacerade rashundar

Om du bestämt dig för en speciell ras men inte vill köpa en valp, kan du kontakta rasklubben för just den rasen och höra om de har omplaceringsverksamhet.

De rasklubbar som har omplaceringsverksamhet har ofta regler för de hundar som ska omplaceras.

Om hundarna är över ett år ska de vara röntgade i höfter och armbågar. Om de är under ett år gäller samma regler som vid försäljning av valpar. Ibland kan även uppfödare ha vuxna hundar som behöver omplaceras.

VARFÖR OMPLACERING?

Hundar kan behöva omplaceras av olika anledningar. Det kan bero på sjukdom i familjen, skilsmässa, eller att den tidigare ägaren helt enkelt upptäcker att han eller hon inte klarar av hunden.

FÖRSTA MÖTET

Använd första mötet till att bekanta dig med hunden och observera den ordentligt. Verkar den glad när den närmar sig dig? Eller är den nervös? Verkar den vara i bra kondition?

Kapitel ett om kroppsspråk hjälper dig att avläsa hur hunden mår. Stirra inte på hunden och undvik lång ögonkontakt. Titta runt omkring dig och prata med ägaren eller personalen med avslappnad röst under mötet.

Fråga om du får ge hunden godis och släng iväg det på golvet nära dig (försök inte att ge hunden godis direkt från handen). Om hunden äter upp godiset och närmar sig dig ger du den en eller två bitar direkt. Om den inte verkar vara nervös kan

Till vänster: **På det här hundstallet sitter hundarna och väntar på sin nya ägare.**

du pröva med kommandot ”sitt” innan du ger den ytterligare en godisbit.

Om hunden fortsätter vara vänlig och avslappnad kan du kela med den lite och se om den tycker om kroppskontakt. Om du vill klappa den så håll dig på sidan på kroppen, bröstkorgen eller under hakan, och stryk försiktigt, inga stackatoklappningar. Klappa den inte på huvudet (de flesta hundar hatar det) och lägg inte armen runt den – det signalerar inte vänlighet i hundvärlden.

VAD GÄLLER VID KÖPET?

När man köper en omplaceringshund gäller samma sak som vid alla köp av hundar. Man ska ha veterinärbesiktningsintyg, en matlista, samt ett registreringsbevis som är utfärdat av Svenska kennelklubben (SKK)

Köper man en hund på det här sättet gör man det ofta av förre ägaren, som kan ge dig en ärlig beskrivning av hunden med alla fel och brister. Och var inte rädd för att ställa frågor, det gör dig bara till en ansvarsfull hundägare som gärna kan få ta över en älskad hund.

KOMIHÅGLISTA
Frågor du kan få (och som du ska kunna svara på)

- Kommer det att vara någon hemma hos hunden hela tiden?
- Finns det barn i hemmet?
- Hur mycket motion kan du ge hunden? Kommer den att kunna springa lös ibland?
- Har du andra husdjur?
- Har du trädgård? Om du har det – hur stor är den? Är den säker för hunden att vistas i?

Var inte rädd för att själv ställa frågor. Till exempel: Är hunden van vid barn? Vaktar den eller jagar? Är den frisk? Klarar den av att vara ensam? Är den rumsren? Gillar den andra hundar?

Till höger: **Det är bra att prata med den tidigare ägaren. Han eller hon känner ju sin hund.**

Hundar från hundhem

Om du vill ha hund och föredrar en vuxen hund men inte bryr dig om ifall den har stamtavla eller inte, kan du ta kontakt med ett hundhem eller hundstall. Men självklart kan man även hitta renrasiga hundar här.

Det finns olika sorters hundar på ett hundhem. Det kan vara hundar som av olika anledningar måste byta hem, men ofta är det hemlösa hundar som kommer till hundhemmet via polisen.

Det verkar förekomma en viss obalans vad gäller åldern på de omhändertagna hundarna, de flesta är unghundar eller äldre hundar, och inte så många är i åldrarna däremellan. Orsakerna till detta kan vara att unghundar är svåra att ta hand om – det kan hända att ägare som inte orkar med hundarna lämnar bort dem av den anledningen, medan äldre hundar ofta kan få kostsamma hälsoproblem. Dessutom rör det sig oftare om större hundar än om småhundar.

HUR HUNDHEM FUNGERAR

Det finns olika sorters hundhem. Några av dem drivs av olika organisationer, medan andra drivs av privatpersoner.

Nedan: **Tänk på vad du är ute efter när du besöker ett hundhem, men var flexibel när det gäller mindre viktiga krav.**

De största hundhemmen kanske har ett hundratal hundar som är tillgängliga för adoption, medan de minsta bara har ett par hundar åt gången. Även regler och villkor för omplacering eller adoption kan variera mellan de olika hundhemmen.

De flesta hundhem har regelbunden kontakt med veterinären och ser till så att hundarna är friska och mår bra.

FÖRSTA GÅNGEN MAN TRÄFFAR HUNDEN

I de flesta fall börjar du med att lämna in en intresseanmälan, och när hundhemmet sedan hittat en hund som de tror stämmer med dina önskemål kontaktar de dig så att du får komma och bekanta dig med hunden.

Hundhemmens rutiner för att omplacera eller adoptera bort en hund kan skilja sig åt, men många hundhem erbjuder att man får komma och träffa och lära känna hunden, ta ut den på promenader, och så vidare.

En del hundhem tillåter inte att man tar hem hunden på "prov", med an andra går med på att återta hunden inom en trettio dagars testperiod för att undvika att hunden hamnar i ett hem där det absolut inte fungerar.

En hund som verkar tyst och ledsen i hundhemmet kan leva upp och visa en helt annan sida när den är ute på promenad och får umgås med folk.

Därför är det bra om man försöker träffa hunden flera gånger

KOMIHÅGLISTA
Så förbereder man sig

- **VAR HÅRD.** Skriv ner alla "måsten" som en påminnelse. Det är bra – mycket bra – om man kan vara lite flexibel när man ska försöka hitta den perfekta hunden, men en annan att komma hem med en hund som är dubbelt så stor och fyra gånger så aktiv som den du ville ha bara för att den hade "ledsna" ögon.
- **KOM ENSAM ELLER TA MED EN KLOK VÄN ELLER PARTNER.** Ta inte med någon som kan få ditt omdöme att vackla. Ta med någon som kan påminna dig om dina ursprungliga krav.
- **TVEKA INTE.** Om du har katt hemma och personalen säger att hunden du riktat in dig på inte går ihop med katter, så intala dig inte att du kan lära dem att umgås.
- **BEVÄPNA DIG MED GODIS.** Om du ser en hund du vill lära känna mer kan lite godis göra första mötet enklare.

Ovan: **Ta med en leksak till hunden vid första mötet för att få en uppfattning om hur hunden beter sig runt "sina" saker.**

och även träffa andra hundar innan man bestämmer sig.

Om hunden backar eller börjar skälla när du försöker närma dig den så se inte detta som ett problem. Hundar på ett hundhem kan ofta ha haft begränsad kontakt med människor och kan bli lite överexalterade eller nervösa när de träffar nya människor.

Det kostar att adoptera en hund från ett hundhem, och kostnaderna kan ligga på mellan 3 000 och 4 500 kronor. Om det är en organisation som driver hemmet kan de vilja att man blir medlem.

KLARA AV ADOPTIONSPRÖVNINGEN

Personalen på härbärget gör sitt yttersta för att hitta permanenta hem åt hundarna, men bara bra hem. Det kan förvåna många som vill adoptera en hund – de ser sig själva som räddare i nöden och tror därför att de kommer få en hund direkt, utan att först bli granskade.

Det här kan vara en noggrann process och man gör det för att försäkra sig om att man hittat en passande ägare. Och just för att det handlar om omhändertagna hundar så vill man inte att de ska komma tillbaka till hundhemmet en andra gång.

Även om du får många frågor så är det inte för att skrämma bort dig. Personalen vill bara göra sitt yttersta för att försäkra sig om att adoptionen går bra och att hunden får ett bra nytt hem. Ibland kan det förekomma att hundhemmet gör hembesök för att se så att hunden fått det bra.

EFTER MÖTET

Hundhemmet kanske vill göra ett hembesök innan du kan ta hem

HUNDHEM PÅ NÄTET

Många större hundhem har listor på hundar som de kan erbjuda för adoption, ibland med bilder och en kort beskrivning av hunden. Man sparar mycket tid om man kan göra sina efterforskningar på datorn, då kan man lätt jämföra olika hundhem och se vilka hundar som finns tillgängliga för adoption eller omplaceringar.

KOMIHÅGLISTA
Frågor man kan ställa om hunden

Om mötet med hunden gick bra och du tycker om den, kanske du vill veta mer om den innan du bestämmer dig:

- Hur mycket vet personalen om hundens bakgrund? Lämnade förre ägaren in den? Är det en hittehund, har den räddats från vanvård?
- Hur gammal är den? (Svaret kan bli på ett ungefär om det är en övergiven hund.)
- Har personalen någon uppfattning om hundens personlighet och egenskaper? I de flesta hundhem finns det hundskötare som gärna bildar sig en uppfattning om hur hunden är och kan informera om det.
- Är det någon i personalen som varit speciellt nära hunden? Om det är så, går det att diskutera hunden med den personen?
- Fungerar hunden med andra hundar? Tycker den om barn?
- Har hunden visat tecken på aggressivitet sedan den kommit till hemmet?
- Hur mår hunden? Har den ätit någon medicin sedan den kommit till hemmet? Alla hundar på ett hundhem bör vara veterinärbesiktade.

hunden. Om du har andra husdjur bör du fråga om du kan ta hem hunden för en övernattning för att se om djuren fungerar ihop.

Och även om personalen försäkrar att hunden går bra ihop med barn är det viktigt att hunden och barnen träffas innan du slutgiltigt bestämmer dig, och att barnen uppför sig försiktigt och respektfullt runt hunden.

Om du inte är absolut säker på att du hittat rätt hund bör du åka hem och sova på saken innan du bestämmer dig.

Till höger: **Personalen kanske inte har så mycket tid för pälsvård – din ruffiga nya vän kan genomgå en askungelik förvandling när den får en fullständig genomgång av pälsen hemma hos dig.**

När du bestämt dig

Du har valt din hund. Nu är det dags att komma överens med säljaren om alla praktiska detaljer och bestämma datum för att hämta valpen. Planera ordentligt så att resan och hemkomsten går så smidigt som möjligt.

FRÅN EN UPPFÖDARE

Många uppfödare har väntelistor, så det kanske dröjer några månader innan du får hem valpen, som vanligtvis får komma till sina nya hem när de är åtta veckor gamla.

Om uppfödaren bor lite längre bort får du inte glömma att ordna med transport den dag hunden ska hämtas. Och glöm inte hundkorg, ett par rena, gamla handdukar eller filtar och några våtservetter att torka upp olyckor med.

En erfaren uppfödare kommer inte att ha gett valpen mat innan den ska iväg på sin första resa, och det bästa är att vänta med att ge den mat tills ni är hemma, annars kommer du garanterat att märka av åksjuka. Valpen kommer kanske att må dåligt ändå, därför är det bra att ha en handduk till hands så att du kan torka rent och göra det bekvämt för valpen igen så att den klarar resten av resan.

Om resan tar mellan en och två timmar är det bra att ha med sig en vattenflaska och en liten vattenskål så att den kan dricka.

KOMIHÅGLISTA
Hämta valpen hos uppfödaren

- Be om registreringspapper för valpen.
- Be om veterinärintyg på valpens första sprutor och avmaskning. De kan behövas inför ert första veterinär-besök. Be även om ett schema för vaccinationer och avmaskning.
- Ta reda på hur mycket valpen äter och hur ofta. De flesta uppfödare har skrivit upp sådant åt dig, om inte, be om en lista.
- Fråga om du kan få något som luktar välbekant för att hjälpa valpen att komma till rätta. Många uppfödare låter en filt eller en leksak som luktar som "hemma" följa med valpen.

FRÅN ETT HUNDHEM

Omständigheterna i ett hundhem kan förändras mycket snabbt, så man kanske inte får lika mycket tid att förbereda sig på en hund från ett hundhem som man får när man beställer en valp från en uppfödare.

När du hämtar hunden ska du inte omedelbart överösa den med uppmärksamhet. Prata bara med lugn och glad röst.

Ta med halsband och koppel när du hämtar hunden. Precis som med en valp frågar du personalen om du kan få en leksak eller en filt med dig hem. Det är inte alltid som det finns något, men om de kan skicka med något som känns välbekant för hunden så kommer det att hjälpa den att anpassa sig lättare hemma hos dig.

FLER ÄN EN HUND?

Om man introducerar en hund till ett hem där det redan finns ett husdjur bör man ta det lugnt i början. Tar du hem en valp till en äldre, lättsam hund kommer du troligen att märka att de lär känna varandra relativt snabbt.

Tänk på att overvaka hundarna – lämna dem inte ensamma förrän det är säkert att de vant sig vid varandra. Om du måste gå ut kan du placera valpen i ett annat rum eller i en lekhage. Var noga med att inte lägga dig i när den äldre hunden korrigerar valpen, förutsatt att korrigeringen är på sin plats och inte för aggressiv. Se till att din äldre hund får mycket uppmärksamhet och att hundens mönster störs så lite som möjligt.

Ovan: **En försiktig introduktion ger din nya och gamla hund den bästa chansen till att bli goda vänner.**

Om du tar hem en vuxen hund är det bäst om hundarna kan mötas utomhus första gången. Det bästa är om du kan besöka hundhemmet och ta med din egen hund och den du vill adoptera på promenad och se hur de kommer överens. Om det går bra kan man låta dem umgås utomhus samma dag som adoptionen innan man tar hem båda hundarna.

Den här försiktiga introduktionen borde minska problemen. Planera saker och ting så att du kan övervaka hundarnas första tid tillsammans, tills du ser att de kommer överens. Ge dem mat på olika ställen ett tag, för att försäkra dig om att det inte uppstår aggressivt revirtänkande runt matskålen. Du kan även lägga undan din gamla hunds leksaker ett tag och köpa en eller två nya leksaker till var och en av hundarna.

Förbereda hemmet

Oavsett om du tar hem en valp eller en vuxen hund är det bäst att hundsäkra hemmet innan du tar hem hunden, i stället för efteråt. På det sättet blir det enklare att njuta av de första dagarna med den nya familjemedlemmen.

Även om du redan har hund och är van, måste du vara extra uppmärksam på den nya hunden innan du lärt dig hundens (o)vanor, vare sig det är att tugga på sladdar eller att rulla sig i sängen.

Har man köpt en valp går de första veckorna åt till att göra den rumsren och se upp med tuggandet. Med en vuxen hund, framför allt om du inte känner till dess bakgrund, är problemen inte lika förutsägbara, men förhoppningsvis är den rumsren när den kommer till dig.

Tänk på var du vill att hunden ska vara någonstans innan du bestämmer dig för en sovplats. Om du vill kan du kan sätta upp barngrindar för att begränsa hunden, vuxen eller valp, till olika delar av hemmet. Om du planerar att låta den springa lös hemma kan du välja att ha den i vissa rum (kök, hall, allrum) medan ni lär känna varandra, och framför allt när du inte är hemma.

VALPSÄKERT

I teorin vet vi att valpar älskar att tugga på saker. I praktiken är det få ägare som är beredda på hur glupskt det här tuggandet kan bli. Gå igenom hemmet och plocka upp allt som går att tugga på från golvet och stoppa undan det – från böcker till skor och väskor (allt i skinn är en favorit för en tuggande valp).

Till höger: **Om valpen springer lös hemma så lägg ut tidningar på golvet och i lekhagen.**

Till höger: **Barnsäkra grindar kan vara praktiska för att hålla en ny hund på plats när du själv inte kan hålla ett öga på den.**

Det är minst lika viktigt att bunkra upp med tuggleksaker som valpen får tugga på. De kan vara gjorda i hårt gummi eller råläder, så att de inte går sönder så lätt eller (som med råläder) är säkra att svälja. Stoppa undan elsladdar så gott det går och gör det till en vana att dra ut kontakten och stänga av elektriska apparater när du lämnar ett rum. Glöm inte att vuxna hundar också kan tugga på saker, så planera på samma sätt för en ny vuxen hund. Du kan lätta på reglerna när du ser att tuggandet inskränks till hundens egna leksaker.

Gör i ordning en trygg plats för valpen när du är upptagen eller vistas i ett annat rum. Även om du planerar att "korgträna" valpen (se sidan 80) så finns det stunder då du inte kan hålla koll på valpen och som är för långa för att den ska stanna i korgen.

Antingen ställer du iordning ett valpsäkert rum (inga sladdar, inget som går sönder eller som går att tugga på inom räckhåll, inga rengöringsmedel eller andra skadliga kemikalier i närheten, tidningspapper på golvet), så att den kan vara där inne med stängd dörr, eller så placerar du valpen i en lekhage när du inte kan övervaka den.

UTOMHUS

Se till så att det är hundsäkert utomhus. Fyll igen och laga hål i häckar och staket (även små hål). Det finns små men energiska raser som tagit sig ut genom gedigna staket, så ta det säkra för det osäkra.

Om du valt en ras som älskar att gräva – framför allt terrier är bra på det – sätt upp hönsnät runt trädgården. Det kanske inte stoppar hundens grävande helt, men det går långsammare, så någon kanske upptäcker vad den håller på med.

Kolla med veterinären vilka växter som är giftiga för hund. Få vuxna hundar äter uteväxter, men en del gör det och valpar kan tugga på löv.

En valp: så funkar det

Precis som med en nyfödd bebis så är valpens behov både grundläggande och konstanta. Nu har du mat- och vattenskålar, halsband och koppel, hundkorg och leksaker. Men det kan ändå vara svårt att föreställa sig vad livet med en valp innebär.

LEKA OCH SOVA

Valpar leker intensivt och blir snabbt trötta. Ena stunden rusar den nya familjemedlemmen runt som en hyperaktiv fluga, i nästa sover den tungt. Valpar behöver både vila och motion. Förvarna därför alla barn i hemmet att när valpen sover ska den lämnas ifred.

Det är alltid roligt att leka med valpar, men även vid åtta veckors ålder finns det bra och dåliga sätt att leka på (se sidorna 84–85 för råd om hur man hanterar en valp). En nafsande valp kan växa upp till en bitande vuxen hund och lekfulla slagsmål kanske inte är lika roliga med en vuxen hund. Det är bättre om du får valpen att jaga dig (bättre förberedelse för träning) än att du jagar den, och de flesta hundar gillar dragkamp. Köp några leksaker inför valpens hemkomst, du kan köpa fler när du ser vad den gillar.

MAT

Uppfödaren eller hundhemmet talar om vad hunden ätit fram till dess att du hämtar den. Håll dig till samma diet de första två veckorna för att undvika magbesvär. Du kanske ger valpen mat fyra gånger om dagen i början. På matschemat som du fått står det vid vilken ålder du ska börja ge valpen mer mat men vid färre tillfällen. Om du redan har en äldre

Nedan: **Valpar leker och sover med samma intensitet – din valp vaknar kanske inte ens när du lyfter upp den.**

hund hemma ska den vuxna hunden ha mat samtidigt som valpen. Dela upp maten som den äldre hunden får på flera måltider och sätt ner den äldre hundens mat först, i ett hörn ur vägen för valpen.

GÖRA RUMSREN

Att träna en valp att bli rumsren kan ta kortare eller längre tid (det vill säga, veckor eller månader), men du ska alltid börja med det så fort ni kommer hem.

Gör i ordning ett rum med lättvättade golv för valpen och lägg ut tidningspapper. Tålamod och positiv förstärkning är nyckeln till att göra en valp rumsren. Varje gång valpen vaknar eller avslutar en måltid ska den gå ut, det är oftast då den behöver kissa. Ignorera olyckor, men beröm valpen när den lyckas. Straffa aldrig en valp som kissar inne. Om du kommer på den tar du upp valpen och går ut med den så fort du kan och berömmer den om den lyckas kissa lite grann ute.

En metod för att träna en valp att bli rumsren går ut på att man tränar valpen att gå på tidningspappret när den behöver lätta på trycket och flyttar pappret närmare och närmare ytterdörren tills det ligger utomhus. Det här kan göra träningen att bli rumsren till en tvåstegsträning (först lär sig valpen att gå på pappret och senare utomhus) så det gör inte att det går snabbare, men det kan minska antalet gånger du måste torka golven. Metoden kan vara svårare för den som bor i lägenhet.

EN HISTORIA

Olika vägar till rumsrenhet

Efter sex veckors tränande hade Shirley fortfarande inte fått sin bassetvalp rumsren. Hela nedervåningen i huset var täckt med tidningspapper och på varje framgång utomhus gick det minst en olycka inomhus.

Hon undrade om hon gjorde något fel och ringde uppfödaren. Han bekräftade att bassethundar vanligtvis är långsamma med att bli rumsrena, men han frågade också om hur hon tränade sin hund.

Shirley förklarade att hon tog ut hunden efter måltiderna och när den vaknade och däremellan höll hon ögonen på valpen efter tecken på när den behövde gå ut. Uppfödaren föreslog att hon skulle ta bort allt tidningspapper förutom det som låg vid bakdörren. Om hunden tyckte att det var svårt att vänta tills den kom ut kunde den åtminstone ledas i rätt riktning.

Att ta bort det mesta av pappret verkade hjälpa valpen att förstå meningen med det. Mycket snart kunde Shirley lägga papper utanför bakdörren och inom två veckor kunde hon ta bort allt papper.

En vuxen hund: så funkar det

Om du tagit hem en vuxen hund bör du försöka lära dig så mycket som möjligt om dess bakgrund. Om personalen på hundhemmet inte kan ge dig så mycket information, be att få gå ut med hunden några gånger innan du tar hem den.

När man inte vet så mycket om hundens bakgrund kan det vara till stor hjälp att vara bekant med hundars kroppsspråk. Det gör det lättare för dig att veta om den är rädd, lekfull, aggressiv eller nervös.

Läs på om hundens beteende (se kapitel ett) innan dagen för adoptionen. Du bör också studera hur du med hjälp av ditt eget kroppsspråk kan ge hunden lugnande signaler. Slappna av i kroppshållningen och prata lugnt med hunden.

Nedan: **Vänta tills du haft din hund ett tag innan du ger den ett hundben eftersom hunden kan bli mycket hagalen när den får en sådan godsak.**

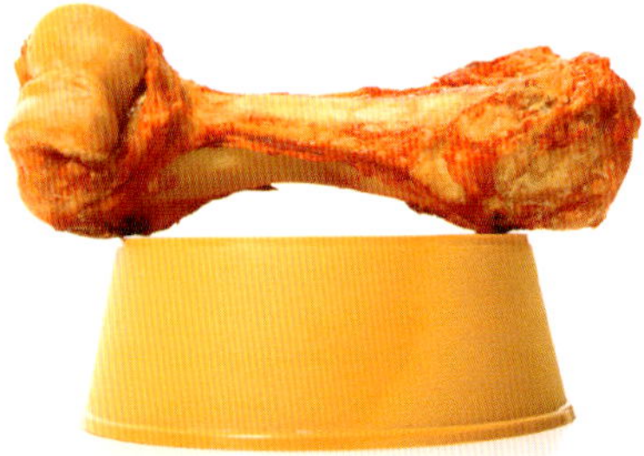

UTVÄRDERINGAR OCH BETEENDE

Ett ansvarsfullt hundhem har godkänt hunden för adoption och utvärderat den. Fråga hur utvärderingen gick till, om hunden fått träffa andra hundar, olika sorters människor (inklusive barn), och så vidare. Somliga hundhem gör bara en grundläggande utvärdering. Men hur noggrant hundhemmet än har varit, kan man aldrig riktigt förutsäga hur en hund kommer att bete sig hemma hos dig förrän den är där och du efter några veckor ser hur den anpassat sig till vardagslivet. Erfarna hundskötare säger att de första två veckorna eller så är en bedrägligt lugn period med en adopterad hund och att inpräglade vanor, bra som dåliga, tenderar att visa sig först när hunden börjar känna sig säker i sin omgivning.

Om hunden aldrig har bott inomhus kanske du måste börja med att göra den rumsren, precis som med en valp. Annars är de flesta vuxna hundar rumsrena och har lärt sig mycket annat som att sitta,

stanna, gå i koppel och så vidare. Under de första dagarna bör du vara observant när du är ute och går med hunden. Om du är osäker på ifall den kommer tillbaka till dig när du ropar kan du träna med långt koppel och se hur den fungerar med andra hundar när den är ute.

Öva med att kasta en boll eller en frisbee på ett inhägnat område (om du inte har en stor trädgård är en fotbollsplan idealisk) för att se om hunden är en naturlig apportör. Se hur den beter sig vid dörren, först med en enda besökare och sedan med två eller tre besökare. Bygg på erfarenheterna bit för bit tills du ser var gränserna går.

Om du har tur kommer du att upptäcka att du fått en fin hund som passar in i ditt liv. Hunden kommer överens med andra hundar, älskar sina leksaker och tycker om att träffa nya människor. Även om det kan uppstå problem så går de flesta att fixa.

Ovan: **Ta ut den nya vuxna hunden för att se hur den uppför sig i olika miljöer.**

TRÄNINGSPASS

Brister i uppfostran och socialisering kan ofta lösas med lydnads- och träningskurser. Svårare beteendeproblem, som att hunden visar aggressivitet när den går i koppel eller vakar överdrivet över sina ägodelar, tacklas bäst med individuella träningspass med en hundtränare som ofta både kan förklara vad som orsakar beteendet och föreslår sätt att förändra det. Dessa konsultationer är inte billiga, men ofta räcker det med att ni träffas en eller två gånger för att avhjälpa problemet.

Första tiden med nykomlingen

Ta ledigt för att kunna vara hemma de första dagarna efter det att hunden kommit hem. Om du tränar en valp att bli rumsren behöver du vara hemma längre än så, för att kunna gå ut med valpen när det behövs.

Även för en vuxen, rumsren hund måste du fastställa rutiner, förstärka rumsrenheten och jobba med grundläggande lydnadsövningar om det behövs. Du måste även börja vänja hunden vid det vardagliga livet hemma hos dig, från hur dammsugaren låter till hur trädgården ser ut (om det finns någon). Det betyder inte att du ska överösa hunden med uppmärksamhet. Gå ut med den ofta, lek med den och ha kul men fortsätt också med dina dagliga göromål – ju fortare hunden kommer till rätta, desto snabbare börjar den känna sig säker.

Om du tagit hand om en vuxen hund så använd den här första tiden till att se hur ofta den behöver gå ut. Medelålders hundar tenderar att ha bättre blåsa än mycket unga och mycket gamla hundar. Och det är ditt jobb som ägare att se till att hunden kommer ut så ofta som den behöver.

Om din vuxna hund lämnar några få olyckor ska du vara tålmodig och använda positiv förstärkning för att betona att den måste gå ut. Det här beteendet kan antingen betyda att den är lite förvirrad eller att det går för lång tid mellan promenaderna.

KOM ÖVERENS OM REGLER

Bestäm regler som alla i hemmet ska följa (om du har barn kan du ha ett familjemöte för att se till så att alla vet). Det finns inget rätt eller fel i reglerna ni kommer överens om.

Till vänster: **Bekvämt hemma – konsekvens spelar större roll för en ung hund än vad regler gör.**

INSTINKT **När hunden träffar en katt**

Hundar och katter kan komma bra överens om de presenteras för varandra under lugnare former. Övervaka alltid de första mötena och var noga med att hunden närmar sig katten med försiktighet (kattklor kan göra mer än bara skrämma en oförberedd valp). Håll hunden i koppel så att den inte kan jaga katten om mötet inte går som planerat. Säg åt hunden att sitta för att ge katten en chans att närma sig hunden om den vill det.

Prata med lugnande röst till hunden när katten är i närheten så att hunden åtminstone riktar lite av sin uppmärksamhet mot dig. Se till att du har kontroll över hunden ifall katten skulle springa iväg, hunden ska inte kunna agera på sin jaktimpuls.

Din katt måste ha tillgång till hundfria utrymmen så att den kan dra sig tillbaka om de inte får bra kontakt med varandra från början. Ibland kan hundar och katter bli riktigt goda vänner, men ofta är det så att de bor ihop men ignorerar varandra. Ge dem mat på olika matplatser och se till så att hunden inte kan stjäla kattmaten, om det behövs kan du placera kattmaten på en plats dit hunden inte når.

En del personer tillåter glatt hunden i soffan eller sängen, medan andra inte gör det.

Det som är viktigt är att om din hund får vara i möblerna så måste den alltid få vara det, och om den inte får vara i möblerna så får den aldrig vara det. Hundar förstår och blir uppmuntrade av konsekvens. Det är inte rättvist att förvänta sig av din hund att den ska följa olika regler för varje familjemedlem.

NATTRUTINER

De flest uppfödare och hundtränare rekommenderar att en ny hund får sova i närheten av dig den första tiden. Valpar behöver gå ut en sista gång på kvällen och först av allt på morgonen, och ibland även en eller två gånger under natten.

Det bästa är om du kan ha hundburen eller korgen i ditt rum. Gör den bekväm med en filt eller en mjuk leksak och stoppa om valpen. Ge inte efter och ta ut valpen så fort den börjar gnälla och låt absolut inte hunden sova i sängen hos dig.

Räkna med två promenader under natten. Ställ väckarklockan om du vill, men det troligaste är att valpens gnällande kommer att väcka dig när den behöver gå ut. Det kommer antagligen att hända en och annan olycka i början, små valpar har mycket dålig kontroll över blåsan. Ta ut valpen och ge den några minuter eller två, beröm valpen ordentligt om den gör något, och lägg den sedan direkt i korgen eller bädden igen.

En äldre hund kanske inte trivs så bra i en hundbur utan föredrar en korg eller hundbädd i stället (se sidorna 80–81).

Skötsel

Du har valt din hund och tagit hem den. Nu måste du bestämma hur ni ska kunna leva tillsammans, precis som med vilket annat förhållande som helst. I stor utsträckning vill hundar, både valpar och vuxna, ha samma saker som människan: de vill känna sig trygga, få mat och värme och njuta av andras sällskap. Skillnaden mellan oss och dem är att medan människan kan ordna det mesta själv så är hunden beroende av oss för att få dessa saker.

I det här kapitlet tittar vi på allt det praktiska som behövs för att sköta en hund. Vi går igenom grunderna, från vad du kan förvänta dig vid det första veterinärbesöket, till socialiseringsövningar för en valp eller en blyg vuxen hund. Här finns allt om maten, plus lite om pälsvård och badrutiner. Kom ihåg att de vanor du etablerar nu kommer att följa med hunden hela livet, vilket kan vara allt mellan sju och femton år, ibland ännu längre. Det är värt att ta sig tid att ge hunden rutiner och ett liv som den trivs med – det gör er båda lyckligare.

Hitta en sovplats

Var hunden sover är viktigt för den, men sovplatsen måste också passa in i ditt hem. Vad som är den bästa lösningen beror på hundens ålder, storlek och ras och vad ni båda trivs bäst med.

ATT ANVÄNDA EN HUNDBUR

De senaste tjugo åren har hundburen, där hunden kan vila och sova (och ibland placeras i när ägarna inte är hemma), blivit alltmer populär. Om du är uppvuxen med en hund som legat i en korg i hörnet i köket kanske tanken på en bur inte stämmer överens med din syn på hundskötsel.

En hundbur är helt enkelt en bur med en dörr framtill som kan öppnas och stängas. Vanligtvis är buren gjord helt i ståltråd, men den kan också ha väggar av plast eller trä och en dörr av metall eller ståltråd. En valp som försiktigt får vänja sig vid buren brukar vanligtvis bli mycket fäst vid den och ser den som ett bekvämt krypin där den kan dra sig tillbaka om den vill sova eller bara vara i fred.

Många ägare använder också hundbur i bilen, och i livliga hem kan en ny hund placeras i en bur för att inte vara i vägen en kort stund. En bur kan också vara till stor hjälp när man tränar en valp att bli rumsren. Hunden vill inte smutsa ner sin sovplats – en kortvarig vistelse i buren uppmuntrar hunden att hålla sig tills den kan gå ut.

ALTERNATIVEN

Hundburar passar inte alla hundar. De är ofta mycket opraktiska för större raser och en del hundar kan aldrig lära sig att tycka om dem. Framför allt hittehundar kan ha problem med dem om de i sitt tidigare liv tvingats sitta i en bur för

Till höger: **En bekväm sovplats och, om möjligt, en välbekant filt hjälper din hund att vänja sig vid buren.**

länge. Om du har en lugn hund som inte är destruktiv när du inte är hemma kanske du inte behöver en bur, då kan en korg i köket vara rätt val. Även om du bestämmer dig för att inte ha en hundbur hemma så är de bra att ha i bilen eller ha med sig när man ska bo hos andra. Om du är en ovan hundägare ska du pröva en först: hundar brukar tycka om dem och du kommer inte att ångra dig.

Om du inte vill använda en bur, bör du tänka på var hunden ska sova i det långa loppet. Somliga hundar sover i en korg under dagen och bredvid sina ägare i sängen på natten. (Om du står ut med det nu, kanske du ska fundera på om det kommer att vara lika trevligt när schäfervalpen vuxit upp till en stor hund). Om du vill undvika att behöva bestraffa din hund bör du se till så att den sover på sin egen plats och inte på din.

Om du bestämmer dig för en korg är den enklaste typen gjord i plast eller rotting och fodrad med en tvättbar filt eller dyna. Om du väljer en bädd eller korg som är helt gjord i tyg bör du kontrollera så att tyget går att tvätta innan du köper den.

KOMIHÅGLISTA
Buretikett

Ja

- Köp en bur som är tillräckligt stor. Hunden ska kunna vända sig om i den och ligga ner med utsträckta ben.
- Gör buren inbjudande. Bädda med en mjuk filt och lägg regelbundet dit leksaker och godis.
- Vänj valpen eller hunden gradvis vid buren. Det är viktigt att hunden vant sig vid att gå in och ut ur den innan du stänger dörren första gången.
- Håll bara dörren stängd i korta perioder – bara fem eller tio minuter i början – tills hunden är tillräckligt avslappnad för att kunna sitta i buren en längre stund.

Nej

- Behåll inte en bur som blivit för liten. Köp en större.
- Tvinga inte in en hund i en bur och stäng inte in den om den inte vant sig vid buren. Det blir skrämmande för hunden och den kan utveckla fobi mot att vara instängd.
- Lämna inte hunden i buren för länge. Buren är en sovplats och till för att hålla din hund trygg under kortare perioder. Ingen hund ska behöva sitta i en bur i flera timmar.
- Lämna aldrig en valp i en bur om den kissat eller bajsat i den. Valpar i bur ska tittas till ofta. Om buren behöver göras ren, gör det på en gång. Skäll aldrig på valpen eller straffa den om den smutsat ner i buren.

En trygg plats

Har du en vuxen hund kanske den behöver vänja sig några dagar innan ni kan bestämma var den ska ha sin trygga plats i hemmet. Om den är rumsren kan du tillåta den att undersöka och upptäcka sitt nya hem.

En ung och lekfull vuxen hund är ändå inte lika energisk och nyfiken på allt som en valp, så du kan vara lite mer avslappnad än med en valp.

Bestäm dig för om du vill använda en bur eller inte, och om du väljer en bur ha tålamod med hunden tills den vant sig vid den. Om hunden inte fått vänja sig vid buren som liten kommer du att märka att den är mer avogt inställd till buren än vad en valp skulle vara.

Använd godis och leksaker, inte tvång, och om den verkar tveksam lämnar du dörren öppen och belönar hunden om den går in i buren (se till så att du belönar rätt moment, alltså när hunden går in i buren och inte när den är på väg ut). En del nya ägare ger till och med hunden mat i buren för att bygga upp positiva associationer.

BESTÄMMA PLATS

Om du inte känner för att träna din vuxna hund till att vara i en bur, bör du göra i ordning en plats i en lugn vrå för hunden. Inte någonstans där alla i huset går förbi – ett hörn i köket eller hallen passar ofta bäst. Gör det mysigt med en korg och filtar. Om du köper en ny korg eller hundbädd bör du tänka på att hittehundar helst vill ha en bädd med högre sidor. De verkar föredra en plats som känns mer skyddad än andra "öppna" sovplatser, såsom tjocka dynor eller

Till vänster: **Hundar behöver en trygg vrå, så ställ korgen i ett lugnt hörn och gör den mysig och bekväm.**

bönsäckar. Ta med dig hunden när du köper korgen så att du kan mäta den efter hunden. Sätt vattenskålen i närheten och lägg dit några leksaker och tuggben också.

Du kommer att upptäcka att hunden automatiskt går till sitt hörn när den vill koppla av eller tycker att det är för stökigt runt omkring den, men om den inte gör det, får du uppmuntra den med ett inlärt kommando för det och locka med godis eller en tuggleksak.

PRATA MED HUNDEN

De flesta hundägare pratar mycket med sina hundar. För det är ju vad människor gör, pratar. Men underskatta inte en tyst stund tillsammans med din nya hund – framför allt en ung, engagerad hund kan konstant vända sig till dig i början för att få signaler på vad den "borde" göra, och bara det faktum att du pratar gör den ivrigare att försöka förstå vad som förväntas av den.

Självklart varierar det här från ras till ras och mellan hundars olika personligheter, men några välbetänkta perioder med tystnad gör att hunden förstår att den inte måste vara på alerten hela tiden när den är hemma. Och om du inte kan hålla tyst så prata med lugn och tyst röst snarare än med pipig röst och en frågande satsmelodi. Spara den entusiastiska höga rösten till när du verkligen vill att hunden ska göra något.

Nedan: **En mjuk leksak som hunden kan tugga på blir ofta uppskattad i korgen eller buren.**

INSTINKT **Ändra en vuxen hunds fokus**

Positiv förstärkning – att ge beröm för något bra – verkar inte falla sig lika naturligt för oss när vi tränar våra hundar som negativ feedback när hunden gör något fel. Om du är frestad att skrika "Nej!" för hundrade gången samma dag, kanske du ska komma ihåg att hunden vistas i en mänsklig miljö.

Det bästa man kan göra för att motivera hunden till att göra något som inte känns naturligt för den (gå i koppel, sitta still snarare än jaga sorkar) är att sammankoppla det onaturliga beteendet med något bra (godis eller beröm).

Av samma anledning är det bästa sättet att hindra en hund från att göra något du inte vill att styra den i en annan riktning, mot något som du vill att hunden ska göra och som den vet att den får belöning för. Det är framför allt viktigt att komma ihåg det här när man ska hantera en vuxen hund som kanske inte fått en konsekvent lydnadsträning. Hunden bör associera dig med positiva saker för att du ska kunna uppnå ett bra resultat.

Ta hand om valpen

Hur man tar hand om en valp de första månaderna avgör hur den beter sig när den blir äldre. En skygg hund kan bli mer ängslig om den behandlas tufft och hårt, medan en kaxig valp kan bli en som nafsar och bits.

Många forskare tror att hundar är som mest påverkbara av förhållanden och händelser runt omkring dem när de är mellan fyra och sexton veckor. Eftersom de flesta valpar kommer till sina nya hem när de är åtta veckor betyder det att deras första två månader tillsammans med dig är viktiga för hur de kommer att utvecklas senare. Så det är bra ta hand om sin valp ordentligt de första veckorna och göra det på rätt sätt.

TESTA EN VALP

Ett av testerna som man ibland gör för att bestämma personligheten hos en valp är att hålla en hand på valpens rygg och försiktigt försöka hindra den från att resa sig. En ”mjuk” valp kanske vrider lite på sig för att sedan slappna av mot trycket, medan en mer envis valp kanske fortsätter göra motstånd. Alla valpar bör lära sig att tåla mild behandling. Ju mer din valp gör motstånd, desto viktigare är det att du vänjer den vid det på ett tidigt stadium. Någon gång i sitt liv kommer din valp att råka ut för påträngande människor som inte förstår hundspråk. Det är vid de tillfällena som den tidiga acklimatiseringen kommer att betala sig, då valpen kan visa att den är förberedd på att stå ut med saker som den inte gillar eftersom den lärt sig att lita på människor.

LÄRA UT BEHÄRSKNING

De flesta hundar är känsliga runt tassarna, öronen och munnen. Även

INSTINKT
Klara av motstånd

För en valp kan det te sig hårt och onaturligt att bli behandlad som den blir när du håller på med motståndsträning. Men ditt mål med träningen är att övertyga valpen om att den inte kommer till skada så länge den låter dig bestämma, och att den slipper tryckövningen om den inte gör motstånd. Det är en värdefull läxa att lära en liten valp och den kommer att betala sig när hunden blivit vuxen.

om det alltid finns undantag så är det mycket få hundar som gillar att man håller i eller undersöker de här områdena. Gör behärskningsövningar för att vänja valpen vid att du tar i den på sätt som den inte gillar. Du behöver inte gå igenom alla de känsliga områdena på en gång, utan försök att få den att acceptera att du till exempel undersöker ett öra eller en tass i taget. Övningarna ska vara korta och de ska alltid avslutas med lek i en minut eller två.

Ovan: **Ge barnen regler för hur de ska hantera valpen så att de inte uppmuntrar dåliga vanor.**

KOMIHÅGLISTA
Behärskningsövningar

- Börja med att ha valpen i knäet eller sitt bredvid den. Stryk valpen över hela kroppen med långa, mjuka strykningar. Klappa inte. Stryk bara försiktigt längs hela kroppen.
- När valpen är avslappnad tar du en av tassarna. Hunden reagerar instinktivt genom att vilja dra bort den. Håll i tassen. Om hunden vrider på sig, ska du inte vända på den eller trycka ner den, utan håll bara tassen lätt i handen medan du stryker valpen med andra handen tills den börjar slappna av. Så snart du känner att den är avslappnad, även om det bara är en kort stund, släpper du tassen. Gör det här med alla tassar. Släpp inte tassen förrän hunden börjar slappna av, men var snabb. Släpp tassen så fort valpen slutar göra motstånd. Det här lär den att inte känna sig hotad av din beröring.
- När du är klar med tassarna upprepar du processen med öronen, stryk med fingrarna runt öronen. Om valpen drar undan huvudet håller du bara kvar fingrarna. Så fort den slappnar av tar du bort handen.
- Efter öronen prövar du med munnen. Lägg inte handen över nosen och försök inte bända upp munnen. I stället stryker du försiktigt med fingrarna på insidan av överläppen nära mungipan. När du rör dig upp mot hörntanden försöker du föra in fingrarna i munnen och öppna den försiktigt. Om hunden gör motstånd ska du fortsätta att hålla i den men inte dra den till dig. Som vid de andra övningarna släpper du valpen så fort den slappnar av.

Socialisera en valp

Socialisering är nyckeln till en glad, väluppfostrad vuxen hund och att socialisera en valp är det bästa sättet att ge den en bra start i livet. Man fortsätter processen som helt naturligt började hos valpens bröder och systrar.

En omtänksamt socialiserad valp blir en vuxen hund som är öppen för nya erfarenheter, som förväntar sig det bästa från alla möten och som kan ta motgångar och frustrationer med jämnmod. Även om det kanske inte kan lösa allvarligare beteendeproblem så kan socialisering i rätt tid vara ett steg på vägen till att de inte uppstår. Det kan till och med hjälpa dig att få bukt med mindre defekter i valpens natur: om den är blyg får den lära sig att nya saker inte är läskiga, om den är lite för kaxig och ettrig får den lära sig att dämpa sin stökiga framfart när det inte passar sig

VAD ÄR SOCIALISERING?

"Socialisering" är ett samlingsnamn för hur man introducerar sin nya hund till en lång rad med erfarenheter och hur man laddar dem med positiva associationer. I Sverige brukar man även prata om miljöträning. Det betyder inte att man ska överösa sin valp med alla erfarenheter som finns, utan att man gör det med omdöme och ansvar.

Nya erfarenheter bör vara en del av valpens liv från åtta veckors ålder, då den skiljs från sin familj, tills den är sexton veckor. Under denna period lär den sig snabbast och mest om världen runt omkring.

Nedan: **Hunden måste få pröva på nya erfarenheter redan som liten.**

Till vänster: **Belöna din valp för gott uppförande, i stället för att straffa den för misstag.**

SOCIALISERING OCH IMMUNISERING

En del uppfödare och veterinärer rekommenderar att inte låta hunden vara ute för mycket förrän den fått sin sista vaccinering. Små valpar bör inte få träffa hundar som inte är helt vaccinerade eller vara på ställen där det springer många andra hundar, eftersom det kan äventyra deras immunitet. Men det får inte hindra dig från att socialisera valpen.

Ett bra sätt att låta valpen få träffa andra hundar är att be vuxna och väluppfostrade hundar om en lekstund. Det ger valpen en chans att få träffa olika hundar i välbekanta miljöer. Eller hör dig för hos olika hundklubbar om det ordnas valppromenader, så att din hund kan få träffa andra hundar i samma ålder.

HANTERA NYA ERFARENHETER

Samtidigt som de är nöjda med att gå på promenad med sin nya valp så frågar sig många ägare hur de ska

EN HISTORIA
För mycket för fort

För att socialisera sin fyra månader gamla cairnterriervalp tog Dan med sig den till en valpgrupp några gånger i veckan. Valpen verkade tycka om det, men Dan märkte att den skrämde de andra valparna genom att hoppa runt och låtsasmorra. Eftersom han blev orolig för att hunden kanske visade tidiga tecken på aggressivitet bad han tränaren om råd.

Efter att ha observerat valpen i gruppen rekommenderade tränaren att Dan ordnade några lekstunder med valpen och två vuxna hundar. Valpen var självsäker, men ibland överväldigade den de andra valparna eftersom den gillade att vara den starka bland småvalpar som den kunde dominera. Om valpen fick några lekstunder med ett par äldre hundar skulle den lära sig att dämpa sitt beteende, menade tränaren. De äldre hundarna skulle vara toleranta mot en valp men de skulle varna den om den gick för långt. I en grupp med både vuxna hundar och valpar sätts de kaxigaste valparna på plats. I avsaknad av en riktig "flock" blev svaret att Dan skulle skapa en sådan situation på konstgjord väg.

"hantera" situationer som ligger utanför deras kontroll?

Svaret är att man bör vara selektiv – och även försöka skapa situationerna om de inte uppstår naturligt. Med socialisering menas att man ska ge hunden chansen till nya erfarenheter, inte att utsätta den för så många erfarenheter som möjligt.

Under de här första månaderna ska man alltid ha hundgodis i fickan när valpen är med. Ge godiset till vuxna och barn som kan ge det till valpen så att den associerar möten med nya människor som något positivt. Be dem slänga iväg godiset en bit bort från valpen: om hunden är skygg får den en positiv association utan att den måste interagera med människor som gör den nervös.

Om man använder godis för att ge hunden positiva associationer ska man försöka att tajma det rätt. Det är lättare om man har att göra med en person än ett ljud eller en händelse. Det är till exempel enklare att be brevbäraren ge valpen godis om den verkar tycka att personer i uniformer är läskiga, men det är svårare att få ett skrämmande ljud att sammanfalla med den stund när man ger godis. Om hunden skräms av ett ljud kan man säga något positivt och ge den godis direkt.

Experter säger att man har max en sekund på sig om man vill länka samman två saker – händelse och utfall – i en hunds hjärna, så man måste vara snabb. Ta med dig hunden ut på promenader då du fokuserar helt på socialisering och miljöträning. Det är bättre än att kombinera en sådan promenad med ett annat ärende, till exempel till affären.

Ovan: **Om valpen upplever något nytt ska du hålla humöret uppe och vara glad, var du än är.**

ÖVERDRIV INTE

När du försöker övertyga din hund om att någon person eller situation inte är farlig ska du vara generös med beröm och godis, men ge inte hunden godis eller beröm utan orsak, eftersom det minskar det positiva utfallet för er båda. Du behöver också lära dig att ha ett avslappnat kroppsspråk och en lugn och positiv röst även när du oroar dig för vad hunden kan tänkas göra. När hunden vänder sig till dig för vägledning ska den se någon som vet vad den gör och är säker på vad hunden ska göra. När du pratar med hunden ska du låta säker på rösten. Om hunden går i koppel ska du hålla det löst och inte dra i det, vilket är en signal på att något är fel.

NÄR DET GÅR FEL

Trots att du anstränger dig kan din valp få uppleva negativa saker. Vad gör du om en äldre hund på besök plötsligt blir aggressiv och biter valpen över nosen? Först och främst ska du hålla dig lugn. Ta inte för givet att valpen är skadad. Om den är upprörd men situationen har lugnat ner sig så säger man till båda hundarna att sitta (en bit ifrån varandra) och ger dem varsin godisbit (om stämningen fortfarande är upprörd sätter man hundarna i varsitt rum).

Gör klart för båda hundarna att det är du som bestämmer. Se hur nästa möte går (med samma hund eller en annan) och övervaka situationen noggrant. Ta alla tillfällen i akt att visa att det är du som bestämmer.

KOMIHÅGLISTA
Erfarenheter för valpen

Även om det betyder att du måste åka på särskilda utflykter eller arrangera olika händelser, så ska valpen före sexton veckors ålder ha upplevt följande saker:

- En biltur. Det bästa är om den får åka tåg eller buss också.
- En promenad nära trafiken, i koppel.
- Hälsat på i olika hem.
- Fått träffa massor med olika människor, vuxna och barn, med olika sorters rekvisita: från mössor, cyklar och barnvagnar till promenadkäppar. Lägg även till personer i uniform, till exempel brevbäraren.
- En promenad i skogen eller på landet.
- Möjlighet att träffa så många andra hundar som möjligt, både med och utan koppel. Om det behövs kan du skapa de här situationerna själv, med hundar som du känner.
- Träffat kor, får, hästar – men lite på håll.
- Höga ljud som fyrverkerier, åskväder och bilar som baktänder.

Socialisera en vuxen hund

Många hundar som adopteras som vuxna anpassar sig bra och utan större besvär till sitt nya hem. En del har några mindre beteendeproblem som, om man tar hand om dem på rätt sätt, är lätta att fixa. Bara ibland kan man behöva professionell hjälp.

Vilken typ av hund man än har adopterat så är det viktigt att man lär sig så mycket som möjligt om hunden och tillbringar mycket tid med den de första veckorna. Det är också viktigt att man utsätter hunden för olika erfarenheter, precis som man skulle göra med en valp, och ser hur hunden hanterar dem.

SE OCH LÄR

När hunden börjar komma till rätta ska du ta god tid på dig att observera den och läsa av beteendet. Om hunden kommer från ett hundhem där ingen visste något om den, ska du inte ta för givet att den blivit misshandlad eller behandlats illa.

Det finns så många historier om misskötta hundar att det kan vara lätt för en ny ägare att bli pjoskig med hunden för att gottgöra ett tidigare eventuellt olyckligt liv. Det finns många hittehundar som har haft ett hårt liv, men många av dem är välmående och kan dra fördel av en ägare som inget hellre vill än att älska och skämma bort dem.

Precis som en valp behöver din nya hund hitta sin plats i det nya hemmet genom konsekventa regler och med dig som ledare. Efter första eller andra veckan – smekmånaden – kommer du att veta om din hund har några olösta socialiseringsproblem och kan börja ta itu med dem.

Till vänster: **Massor med motion och lek hjälper din hund att knyta an till dig och anpassa sig till nya vanor.**

VANLIGA PROBLEM

De vanligaste problemen med vuxna hundar är aggressivitet gentemot andra hundar, separationsångest och överdriven skygghet, som kan leda till att en hund reagerar på situationer med aggressivitet byggd på rädsla när den blir pressad.

Om en hund har lärt sig att reagera på ett speciellt sätt redan som valp kan det vara svårare att korrigera beteendet när den bli vuxen, men det är knappast omöjligt. Även om ett problem inte kan lösas helt så kan man åtminstone modifiera det så pass mycket att det övergår till att bli en egenhet i stället för ett problem.

Allvarligare exempel på något av de tre ovanstående problemen, framför allt aggressivitet mot andra hundar och separationsångest, hanterar man bäst med professionell hjälp. Skaffa en rekommendation från din veterinär om du anser att du behöver hjälp av en hundtränare eller hundpsykolog. Kontrollera att de experter du vänder dig till bara använder positiv förstärkning och inte arbetar med våldsam korrigering (vilket kan göra problemen värre). Beteendeträningen går för det mesta ut på att avleda hundens uppmärksamhet från det som orsakar det felaktiga beteendet och i stället rikta den mot dig, och sedan ge hunden något annat att tänka på.

VARNING

Om en hund har bitit någon, antingen en annan hund eller en person, ska man ta hand om det så snabbt som möjligt, även om bettet var lindrigt. Ett hundbett kan bli allvarligt och man får inte riskera att det händer igen.

INSTINKT **Ta det lugnt**

Om man märker att man fått en rädd eller en ofullständigt socialiserad hund, kan det hjälpa om man lär sig att överföra sitt eget lugn till hunden. Prata lugnt och långsamt, koncentrera dig på att slappna av i kroppsspråket.

Hundar kanske inte kan prata, men de är mycket mer uppmärksamma på visuella signaler än vad vi människor är och de märker av om man är det minsta spänd (även om man inte själv är medveten om det). Man kan till och med använda sig av de lugnande signaler hundar emellan som gicks igenom tidigare (se sidan 24), men du kommer nog att upptäcka att detta med att slicka sig runt munnen och ge lekinviter kan vara svårt att praktisera.

Det finns bevis för att gäspa, vända sig lite åt sidan och "titta bort" (i stället för att stirra på hunden) känns igen av hundar som "fredliga" signaler även när de används av människor. Om hunden är rädd för nya människor kan du föreslå dem att använda dessa signaler – pröva dem gärna själv också.

Gå till veterinären

Boka tid hos veterinären till någon av dagarna precis efter det att du fått hem din nya hund. Om du behöver hjälp med att hitta en veterinär kan du fråga andra hundägare i din bekantskapskrets, eller fråga uppfödaren eller personalen på hundhemmet.

När du beställer tid ska du fråga vad du behöver ha med dig. Veterinären kan vilja se papper på vilka vaccinationer hunden har fått och kommer också att fråga om den är avmaskad. Om du har en renrasig valp ska du ta med alla papper från uppfödaren: veterinärbesiktningsintyg, registreringsbevis och så vidare. En del veterinärer kan be om avföringsprov. Om du har adopterat en vuxen hund ska du ta med all information som hundhemmet har kunnat ge dig.

TA SIG DIT

Transportera helst hunden i bur. När ni kommer fram ska hunden hållas stilla och inte nosa runt på mottagningen på grund av smittorisken. Om man inte har en bur ska man bära hunden. Om det är första besöket med en vuxen hund ska man bunkra upp med godis. Även om en del äldre hundar inte gillar veterinären på grund av att de haft dåliga erfarenheter i sitt förflutna, så kan andra sällskapliga typer verkligen gilla besöket. Om din hund tillhör den första gruppen ska man vara positiv men bestämd i stället för pipig och överdrivet tröstande, eftersom det är mer lugnande för en rädd hund. I väntrummet ber du hunden att sitta och håller den i kort koppel. Du känner inte de andra hundarna där, så det är inget bra tillfälle för socialisering.

Till vänster: **En transportbur gör första besöket hos veterinären enklare för valpen.**

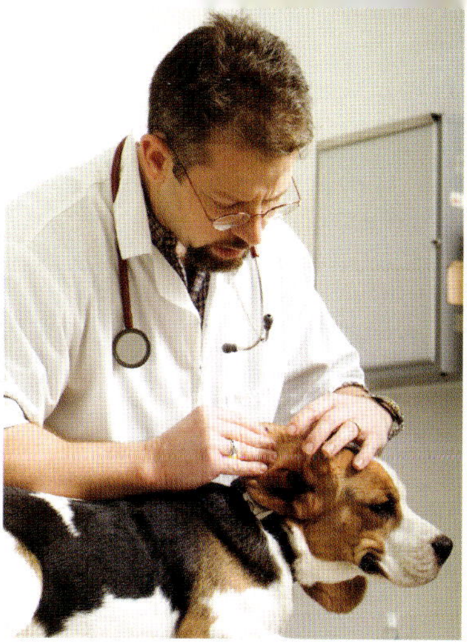

Ovan: **Tala om för veterinären om hunden inte gillar att att bli undersökt, då kan den behöva en munkorg.**

VAD HÄNDER DÄR?

Veterinären undersöker valpen eller den vuxna hunden. Om det är en valp kontrolleras om den har navelbråck, ett tillstånd där naveln inte gått ihop ordentligt. Veterinären undersöker också så att hjärta och lungor låter bra. Bland annat lyssnar veterinären efter blåsljud på hjärtat eftersom det kan vara allvarligt. Ibland innebär första veterinärbesöket att valpen får sin första vaccination (om uppfödaren inte redan tagit hand om det).

Veterinären tittar i öronen och ögonen, undersöker så att hunden inte har parasiter, tittar på pälsen och kontrollerar så att valpen är i god form. När undersökningen är klar kan man ställa de frågor man har.

KOMIHÅGLISTA

Saker att ta upp vid första veterinärbesöket

- **DIET.** Berätta för veterinären vad hunden äter. Om du har en valp kan du fråga hur mycket mat du ska ge den, och om förändringar i kosten när valpen växer. Om du har en vuxen hund frågar du om du ger den rätt mat.
- **VACCINATIONER.** Efter valpens första sprutor finns det olika alternativ för vilka typer av vaccinationer man ska ge, och hur ofta. Fråga veterinären om råd.
- **PARASITKONTROLL.** Fråga vad som rekommenderas mot loppor, fästingar och för avmaskning.
- **RASSPECIFIKA SJUKDOMAR.** Om du köpt din valp från en uppfödare har du nog redan fått information om och diskuterat det här. Men om du köpt en renrasig hund från ett hundhem kan du fråga veterinären vilka sjukdomar och andra hälsoproblem som brukar drabba just den rasen.
- **KURSER OCH TRÄNING.** Om du har en valp, eller en vuxen hund som behöver gå en repetitionskurs, kan du be om information om valpkurser och lydnads-kurser.

Rätt mat till valpen

Precis som människor så mår hundar bäst av en lämplig diet som är välbalanserad och näringsrik. Men vad som anses vara en lämplig diet diskuteras livligt av nutritionister, veterinärer och andra experter.

Man är inte ens enig om huruvida hundar är allätare eller köttätare. En majoritet anser att hundar är allätare på grund av att vildhundar inte bara äter kött utan allt de kan komma över, medan den andra gruppen anser att hundar är uttalade köttätare, på grund av deras käkar. Vad som är helt säkert är att det kan vara bra att ta reda på vilken diet som passar just din hund: en diet som håller hunden frisk och som inte ger den matsmältningsproblem. Vad denna diet består av beror på hunden.

FÖRSTA TIDEN

För tamhundar börjar avvänjningsprocessen när de är mellan tre och fyra veckor gamla. Uppfödaren börjar med att ge små måltider med valpmat utblandad med mjölkersättning, och så småningom börjar valpen äta fast föda. När du tar hem valpen äter den troligen fyra eller fem små måltider per dag. Maten kan bestå av valpfoder, malt kött,

Nedan: **Valpen kommer att äta fast föda när du får hem den.**

mjölkersättning till valpar eller annat som uppfödaren har gett den fram tills nu.

FASTSTÄLLA RUTINER

Håll fast vid de måltidsrutiner som valpen är van vid de första veckorna. Men under de kommande månaderna ska du öka mängden foder vid varje måltid och minska antalet måltider totalt. En tumregel är att man minskar antalet måltider till tre om dagen vid fyra månaders ålder och till två om dagen från nio månaders ålder. Om hunden verkar hungrig mellan de större målen eller om den får orolig mage när du ökar mängden mat, kan du avvakta och försöka igen om en vecka eller två. Det är ganska vanligt att små valpar har oroliga magar, men om den ofta kräks och får diarré ska du ta den till veterinären.

Valpen ska ha sin egen matplats och det ska alltid finnas en skål med färskt vatten. Rengör vattenskålen dagligen, samtidigt som du diskar matskålen. Ge valpen 15 minuter att äta på och när den går bort från matskålen tar du bort den. De flesta valpar tömmer matskålen gott och väl inom tidsgränsen, men om din inte gör det tar du bort maten och fyller på nytt till nästa måltid. Det är mer hygieniskt (när det är varmt kan oäten hundmat dra till sig flugor) och det blir lättare att hålla ordning på hur mycket hunden har ätit om den får riktiga måltider i stället för att ge den snacks hela tiden.

EN HISTORIA

Åtgärda problem med magen

Nero, en åtta månader gammal pointervalp, var ofta hos veterinären för problem med magen, men mådde bra för övrigt. Hans matte, Barbara, märkte att minsta lilla förändring i mathållningen ledde till kräkattacker och diarré.

Veterinären kom med olika förslag, inklusive foder för känsliga magar och BARF-diet (färskfoder) (se sidorna 100–101), men valpen blev inte bättre.

När man hade experimenterat i åtta veckor föreslog veterinären att man skulle komplettera Neros diet med tillskott av probiotika – en blandning av goda bakterier och jästceller som antas stärka immunsystemet. Barbara var tveksam, hon trodde att Nero aldrig skulle acceptera annat än valpfodret, men hon gick med på att försöka.

I Neros fall visade det sig probiotikan blev ett viktigt steg i att stabilisera matsmältningen. Kort efter att han börjar med tillskottet kunde Nero börja med vuxenfoder och en månad senare kunde Nero äta två mål om dagen utan att få magproblem.

VAD HUNDAR MÅSTE ÄTA

Om valpen äter mycket och mår bra och utvecklas som den ska på den mat du ger den, kan du helt enkelt välja en "vuxen" version av det foder valpen åt när du fick hem den. Men precis som att du själv ska vara noga med vad du äter kan det vara bra att bekanta sig med vad som är bra näring för hundar.

Nedan: **Broccoli och andra färska grönsaker kan vara en bra vitaminkälla. Koka dem ett par minuter så blir de lättare för hunden att smälta.**

TIPS OCH RÅD

Grundläggande foderkrav

Det här är byggstenarna i hundens näringstillförsel. Var noga med att alltid inkludera dessa näringsämnen i hundens diet:

- **PROTEIN.** Finns i kött, fisk, ägg och somliga mejeriprodukter. Protein är viktigt för att valpen ska kunna växa och utvecklas och är en viktig energikälla för alla hundar.
- **FETT.** Förutom att tillföra energi så tillför fett i dieten fettsyror som är viktiga för hundens hälsa. De mest välgörande fetterna hittar man i fet fisk, samt i nötter och frön. De flesta proteinkällor innehåller också fett.
- **KOLHYDRATER.** Åsikterna är delade om hur mycket kolhydrater en hund behöver, även om den hundmat som finns ute på markanden innehåller en hel del. Kolhydrater som finns i vete, havre, korn, majs, ris och andra sädesslag är bra energikällor. Och beroende på hur behandlade de är innehåller de även mycket fibrer. Hundar har en kort tarm och maten bryts ner relativt snabbt, men vissa fibrer är extra nyttiga för hundens matsmältning och hjälper till med att förhindra förstoppning eller diarré.
- **VITAMINER OCH MINERALER.** Till skillnad från människor kan hundar bilda C-vitamin i levern och behöver vanligtvis inte extra tillskott (även om somliga veterinärer rekommenderar tillskott för raser som är benägna att få artrit). Hundar behöver mycket A-vitamin, B-vitamin, samt D-, E- och K-vitamin. De behöver även mineraler som kalcium, svavel och magnesium. Om en hund får en bra och balanserad diet ska den inte behöva tillskott, även om en veterinär ibland kan föreslå det för att åtgärda ett specifikt problem.

TA DET LUGNT

Hundar som vaktar sin mat vid måltider kan vara ett problem hos vuxna hundar. Du ska visserligen låta hunden äta i fred, men om det här vaktandet går överstyr blir det ett problem. För att eliminera problemet kan du försöka förhindra uppkomsten av det redan när hunden är liten.

När du ger hunden mat ska du börja med att bara lägga i hälften av maten i valpens matskål. Ta bort skålen precis innan den tar sista tuggan, lägg i resten av maten och sätt ner skålen igen. Det här är lätt att göra medan hunden fortfarande är liten, och om du gör det regelbundet och är konsekvent (vilket betyder ofta, men inte nödvändigtvis vid alla måltider) kan det ge hunden positiva associationer att den får mat när skålen tas bort. När hunden väl förstått associationen att en borttagen skål betyder mer mat, kan du friska upp minnet på den emellanåt vid måltiderna.

Nedan: **Torrfoder finns i alla möjliga smaker och former, från valpfoder till specialfoder för hundar med exempelvis diabetes.**

KOMIHÅGLISTA
Ge inte!

Det finns mycket mat som människor äter men som inte hundar ska äta. Några livsmedel är till och med skadliga för hundar och framför allt för valpar. Lämna aldrig något av nedanstående framme så att en nyfiken valp kan få tag i det.

- **CHOKLAD** innehåller teobromin, ett ämne som hundar inte bryter ner och som kan ha skadlig effekt på nervsystemet.
- **VINDRUVOR OCH RUSSIN.** Ingen vet varför, men både druvor och russin kan vara giftiga för hundar. Även en hund som ätit dem utan problem tidigare kan bli mycket sjuk när den äter dem igen.
- **LÖK OCH VITLÖK** innehåller ämnen som kallas sulfoxider och disulfider. De kan skada de röda blodkropparna och är delaktiga i hemolytisk anemi – en sjukdom som påverkar immunsystemet och som kan vara dödlig. Vitlök finns ibland i hundgodis, men i extremt små kvantiteter.
- **ALKOHOL.** Hundar är känsliga mot alkoholens effekter och saknar motståndskraft mot det. Alkoholförgiftning kan vara dödlig.

Rätt mat till en vuxen hund

Om du haft hunden sedan den var valp har du själv bestämt dieten allt eftersom hunden har vuxit och vet vad den gillar och inte gillar. Med en vuxen hund får du någon vars smak du inte känner till, och du vet kanske inte vad den fått för mat tidigare.

Försök ta reda på så mycket som möjligt – fråga på hundhemmet vad de gett hunden för mat och håll dig till samma diet i en vecka eller två medan hunden vänjer sig vid sitt nya hem, även om du tänkt ändra den senare.

HAR HUNDEN RÄTT VIKT?

Första gången du är hos veterinären kan du fråga om hundens hälsa. Är den för fet eller för mager? Är pälsen i bra kondition? Fråga även veterinären om hunden behöver extra kosttillskott.

Om du har en renrasig hund kan du kolla med kennelklubben om medelvikten för rasen. Om du har en blandras finns det några enkla test man kan göra för att se om hunden har rätt vikt. Känner du revbenen ett och ett när du tar i hunden, utan att du behöver peta eller klämma för mycket? Känner du ryggraden om du drar med handen längs ryggen? Syns det ett ”veck” mellan hundens bakben och bröstkorgen när du tittar på hunden från sidan – en konkav kurva där magen viker upp mot kroppen? Om svaren på de här tre frågorna är ja, nej, ja så är hunden varken för fet eller för mager. Och om du inte känner revbenen eller om hunden har en fast, hängande mage så är hunden nog överviktig. Om du kan känna kotorna i ryggraden så är det troligen så att hunden är för mager.

Det här är enkla tumregler som inte gäller för alla hundraser. Greyhound, lurcher och whippet är exempelvis tunnare än många andra raser, medan bulldog eller några av de större mastiffraserna är naturligt stora och kan verka överviktiga trots att de inte är det. Andra hundar, som labradorer, har en tendens att öka i vikt, vilket kräver lite extra uppmärksamhet från husse eller matte. Mindre hundar behöver oftast något mer mat i förhållande till sin kroppsvikt än vad större hundar behöver.

FODERALTERNATIV

Det finns ett otal olika foderalternativ för dagens hundar. Vad man bestämmer sig för beror på vad man

Ovan: **Äldre hundar kan få hälsoproblem om de inte håller vikten.**

har råd med, vad man tycker är bäst näringsmässigt, hur mycket tid man kan lägga på att ge sin hund mat (ett alternativ kan vara hemlagat foder) och, till syvende och sist, vad som passar hunden bäst.

Det finns två huvudkategorier av hundfoder i butikerna: torr- och våtfoder. Båda säljs som ”kompletta” foder, vilket betyder att de innehåller all näring en hund behöver. Båda kategorierna finns i alla prisklasser, från billiga till lite dyrare. Det faktum att de marknadsförs som ”kompletta” hindrar ju inte man kompletterar dem med annat, till exempel en blandning av köpt foder och färskt eller hemlagat foder.

Torrfoder är billigare (även om man väljer ett av de dyraste märkena) och är lättare att lagra. Våtfoder innehåller mer vatten, vilket är bra om hunden inte dricker så mycket, och accepteras lättare av kräsna middagsgäster, som inte alltid vill ha torrfoder.

En av de mindre tilltalande aspekterna med torrfoder är att det produceras genom extrudering vid väldigt höga temperaturer, vilket tar bort mycket av vitaminerna. För att fodret ändå ska få de rekommenderade näringsvärdena sprejar man det efter ”tillagningen” med en mix av smaksättare, vitaminer och olja, vilket även höjer smaken.

De flesta hundar får färdigköpt hundmat och mår bra av det. Om du bestämmer dig för att köpa färdigt hundfoder så undersök de bästa märkena.

Märkningen på hundmatsförpackningar kan vara svåra att tolka och reglerna vad gäller innehållet i hundmat skiljer sig mycket från reglerna som gäller för vår egen mat. Titta speciellt efter benämningar som ”kött”, ”kyckling” eller ”fjäderfä” i stället för vaga uttryck som ”köttbiprodukter” eller ”köttmåltid”. På samma sätt är ”fullkorn” ett bättre val än ”spannmålsprodukter” eller ”sädesmåltid” eller liknande innehållsbeskrivningar.

Om du känner dig tveksam kan du fråga om veterinären kan rekommendera ett bra märke som innehåller mindre av restprodukter från matindustrin.

HEMLAGAD MAT

Om man inte vill ge sin hund industriproducerad mat kan man välja en hemlagad diet. Man kan göra det så enkelt eller så varierat som man vill. Det finns de som är ambitiösa och som prövar olika recept var tredje dag, medan andra håller sig till ett fåtal, väl beprövade måltider som de vet att deras hund gillar och som verkar passa dem.

Hemlagad mat kan bestå av en blandning av färsk och lagad mat. Den ska innehålla protein, kolhydrater och oftast något extra som öljäst eller lite fiskolja. Om du har en hund med känslig mage bör du rådfråga veterinären innan du börjar utfodra hunden med hemlagad mat. Du kan även fråga om recept, och om veterinären inte kan hjälpa dig med det så kan du höra hur stora portionerna bör vara och fråga om olika sorters mat. En typisk hemlagad måltid kan bestå av havregryn och kyckling med grönsaker och kanske lite fet fisk som får småkoka tillsammans, svalna av och serveras med kokvattnet.

Somliga ägare föredrar att ge sina hundar en blandning av hemlagad och köpt mat. Ett alternativ kan vara torrfoder med lite hackad rått kött eller kokt kyckling och kanske lite kokta grönsaker, som morot och broccoli.

RÅFODERDIETEN

BARF-dieten (biologiskt anpassad rå föda, eller ben och rå mat) har många fans och en del ägare som ger sina hundar BARF anser att det är den enda riktiga dieten för hunden. BARF grundar sig på idén att hundar i naturen skulle äta hela djur, inklusive ben, inre organ, päls och fjädrar, och att det fortfarande är den bäst lämpade dieten för dem.

I debatten om huruvida hundar är allätare eller köttätare ställer sig anhängare av BARF på köttätarnas sida, med det argumentet att hundar aldrig skulle äta kolhydrater och behandlat spannmål och att det är skadligt om deras diet innehåller det. Den typiska BARF-dieten består till största del av rått/färskt kött, varav en del med benen kvar, med tillskott av mindre kvantiteter av grönsaker och mejeriprodukter.

Opinionen är delad vad gäller hur hälsosam dieten är. Säkert är

Till vänster: **Hundar producerar C-vitamin i kroppen, men de behöver regelbundet tillskott av andra vitaminer och mineraler, till exempel A-vitamin från morötter.**

Till vänster: **De flesta hundägare föredrar en blandning av köpt och hemlagad mat. Det ger hunden hemlagade favoriter, massor med näringsämnen och vattnet i våtmaten, samt alternativet med torrfoder till den kräsne matgästen.**

att den kan vara bra för matsmältningen och tänderna. Hunden gnager och tuggar på stora bitar kött och ben, vilket håller tänderna rena, och den verkar vara effektiv för att lösa matsmältningsproblem i vissa fall. Hundar gillar att tugga och kan engagera sig i måltiden på ett sätt som inte är möjligt med mat som är lätt att svälja.

Kritikerna oroar sig för de bakterier och parasiter som kan förekomma i rått kött, framför allt i kött som inte är godkänt för mänsklig konsumtion. Medan behandlad mat kan innehålla färre näringsämnen, så tar bearbetningsprocesserna även bort oönskade ämnen. Motståndarna anser att tamhundarnas immunsystem inte är lika starkt som immunsystemet hos vildhundar och att hundar som får den här dieten är mer mottagliga för infektioner.

Man kan hitta information om BARF både i böcker och på nätet. Fråga veterinären om råd om du är intresserad av den här dieten. Om din hunds diet verkar fungera som den ska och du inte vill byta till en diet som är så stenhård som BARF är, kan du åtminstone ge hunden ett färskt köttben då och då. Det råder inget tvivel om att de flesta hundar tycker om dem, och hunden får verkligen jobba med tänder och käkmusklerna och håller tänderna rena från plack. Om du bestämmer dig for att ändra dieten så gör det gradvis under en eller två veckor

VIKTKONTROLL

Fördelarna med att utfodra sin hund är att eftersom det är du som bestämmer dieten så är det lätt att få den att öka eller tappa något kilo. Reglerna är desamma som för dig, men det krävs inte samma viljestyrka: du ger bara hunden lite mer eller lite mindre mat. Om den behöver gå ner lite i vikt kan en extra halvtimmes promenad per dag eller några fler lekar göra susen.

Pälsvård och bad

Vilken typ av päls din hund har – och därmed hur mycket pälsvård den behöver – var troligen inte något som stod högst upp på listan över avgörande faktorer när du valde den, såvida du inte lider av pälsallergi.

Pälsvård kan vara tidsödande och man måste vara beredd på att göra det ordentligt, med riktiga pälsverktyg och badrutiner.

VILKEN TYP AV PÄLS?

Förutom färgen definieras en hunds päls av tre kvaliteter: om den är enkel eller dubbel, dess längd och dess struktur. Hundar har antingen enkel päls, som har en jämn och fast struktur, eller dubbel päls, med mjuk underull och ett strävare lager som kallas täckhår.

Den andra kvaliteten, längden, räknas i kort, medellång eller lång päls. Kort päls, eller korthårig, behöver ingen förklaring, lång päls, eller långhårig, är över 7,5 cm och medellång päls är ungefär mellan 2,5 och 5 cm lång.

Den tredje kvaliteten hänvisar till ”utseendet” på hundens päls. Hundar kan ha lockig päls (som pudlar), blank päls (som yorkshireterrier), sträv eller grov päls (som norfolkterrier respektive älghund).

Det är kombinationen av dessa egenskaper som avgör om pälsen är lättskött eller mer krävande och om hunden fäller hår hela tiden eller efter årstid. De hundar som kräver minst pälsvård är små, korthåriga raser med enkel päls. Det betyder inte att de här raserna inte fäller mycket hår, utan bara att deras päls är lättare att sköta om. Den mest utmanande kombinationen är stora hundar med dubbel päls som även fäller mycket (som newfoundland). Ett fåtal raser, som pudel och portugisisk vattenhund, fäller nästan inte alls, men deras lockiga päls kräver regelbunden pälsvård.

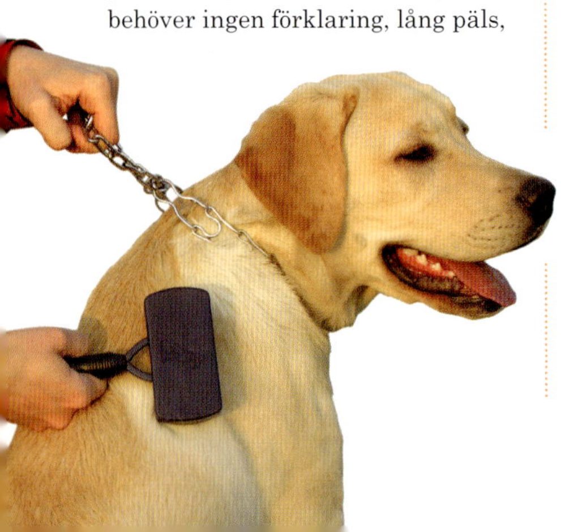

Till vänster: **De böjda stiften i kardan drar bort de lösa håren i pälsen.**

RUTINER FÖR PÄLSVÅRD

Om du har en valp bör du, oavsett ras, köpa en mjuk borste och kam och vänja den vid att bli borstad. Börja med att borsta valpen försiktigt över hela kroppen. Börja med ryggen och sidorna, de områden som den kommer att protestera minst mot, och fortsätt sedan med huvudet, bröstkorgen, tassarna och magen. När du borstat hela valpen tar du kammen och gör om samma procedur. Kolla öronen och mellan tårna.

Om du har en vuxen hund som inte är van vid pälsvård ska du ta det lugnt i början. Ställ hunden på ett bord eller på ett lakan på golvet medan du borstar den. Ha mycket godis till hands och börja med de minst känsliga områdena. Var försiktig med de delar på kroppen som hundar inte gillar att man rör, som tassarna. Håll ett fast tag om hunden, men inte för hårt. De flesta hundar lär sig att tycka om pälsvård. Om du har en stor hund som inte är alltför medgörlig kan du ta hjälp av en annan person som kan hålla fast hunden och se till att den är nöjd medan du tar hand om pälsen.

Se noga till att du borstar och kammar pälsen ända ner till huden. Täckhåret är relativt enkelt att kamma ut, så börja i pälsens botten och arbeta dig uppåt, och kamma ut eventuella tovor. Om du ger hunden regelbunden pälsvård slipper du att ta hand om tjocka tovor, men var noggrann och gå igenom hela pälsen varje gång – eftersatt underull kan kräva professionell hjälp.

KOMIHÅGLISTA
Utrustning

Några eller alla av nedanstående verktyg kan behövas:

- **STÅLKAM.** Den bör ha graderade tänder, finare i ena änden och grövre i den andra. Användbar för alla pälstyper. Välj en kam som passar hundens storlek.
- **KARDA.** Borste med rektangulärt huvud och tättsittande korta metallstift. Användbar för att dra bort lösa hår och överflödig underull. Välj en storlek som passar hunden.
- **METALLKARDA.** Har glest sittande långa tänder, som bokstavligt talat drar ut det djupa lagret med överflödig underull på stora hundar med tät dubbel päls.
- **MJUK BORSTE ELLER KARDHANDSKE.** Används för att "polera" pälsen på korthåriga hundar efter det att man borstat dem. Kardhandsken har gummipiggar som masserar pälsen.
- **UNDERLAG.** Man kan köpa ett särskilt underlag eller använda ett gammalt vanligt lakan för att inte sprida ut håren. Det är användbart för små hundar och absolut nödvändigt för stora hundar.

BADA HEMMA

Har man en stor hund kan det vara lättare att ta den till en hundsalong eller liknande för att bada den. Men de flesta hundar kan man bada hemma förutsatt att man är väl förberedd och har allting man behöver till hands.

Små hundar kan man bada i handfatet eller diskhon och större hundar får plats i badkaret. Borsta och kamma hunden innan badet, eftersom badet kan göra en tovig päls ännu tovigare.

Använd ett hundschampo – schampo för människor kan innehålla ämnen som inte är bra för hundens päls. Om hunden lider av allergier (och måste badas ofta) kan du be veterinären om råd om ett lämpligt schampo som dämpar symptomen i stället för att förvärra dem.

Det underlättar om man har tillgång till en handdusch, dessutom behöver man två kannor (en med schampo utspätt med varmt vatten) och flera handdukar. Låt hunden stå på en handduk eller en gummimatta, de flesta hundar skräms av halkigt porslin eller plast under tassarna.

Innan du sätter hunden i handfatet eller badkaret fyller du det med ljummet vatten som når hunden till en tredjedel upp på benen.

När allting är klart lyfter man i hunden så att den står på mattan. Använd en kanna för att hälla vatten över hunden men undvik ögonen.

När hunden är genomvåt häller man på lite schampo på pälsen, börjar med huvudet och schamponerar in hela kroppen ända ner till svansen. Massera upp schampot till lödder innan du börjar skölja av hunden.

Dra ut badkarsproppen och börja duscha hunden, kontrollera så att vattnet inte är för varmt och se till så att du sköljer bort allt schampo.

Krama ur så mycket vatten du kan med händerna, svep en handduk runt hunden och sätt ner den på en handduk på golvet. Torka hunden runt om, gnugga försiktigt men noggrant. Låt inte hunden springa

Till vänster: **Om hunden inte gillar bad så kan en gummimatta eller en handduk under tassarna få den att känna sig mer säker.**

iväg och skaka sig torr förrän den åtminstone är halvtorr! Man kan avsluta badet med att torka pälsen med en fön och en mjuk borste. Om man har en hund med dubbel päls måste man vara noga med att torka såväl underullen som täckhåret.

PROFESSIONELL PÄLSVÅRD

Självklart kan man ta sin hund till en hundsalong eller liknande om man vill det. De traditionella klippningar man kan se på somliga hundar kan man inte få till hemma, och har man en stor hund med krävande päls kan det vara bäst att låta en professionell hundtrimmare ta hand om den, åtminstone någon gång ibland. En del hundar med dubbel päls måste få pälsen trimmad av en professionell trimmare.

Hitta en hundsalong som du vet har gott rykte. Om du inte har sett exempel på deras arbeten kan du be att få se en bild på en hund som de har trimmat. Var tydlig med vad du vill ska göras med din hund.

Om du vill att din pudel ska badas och få en lätt klippning som passar ”till vardags” måste du förklara att det är det du vill ha och inte en tjusigare utställningsklippning.

Om du vill att din långhåriga hund ska få en bekvämare ”frisyr” till sommaren bör du vara säker på att du vet hur den ser ut och specificera hur mycket du vill att pälsen ska klippas, både på huvudet och på resten av kroppen.

Till sist, tänk på att professionell pälsvård kan vara dyrt.

Ovan: **Professionella trimmare kan klippa hunden precis som du vill, från bekvämt snagg till en tjusigare utställningsfrisyr, men det kostar.**

När du inte är hemma

Någon gång kommer du antagligen att behöva en hundvakt – du kanske ska åka på semester, råkar ut för en olycka eller så har du bara väldigt mycket att stå i under en period och kan inte ge hunden all tid den behöver.

Om du anstränger dig för att hitta rätt person kan de här tillfällena faktiskt förhöja och förbättra hundens rutiner och sociala liv.

HUNDRASTARE OCH HUNDDAGIS

De här tjänsterna blir alltmer populära. Hundrastare ser till så att din hund får motion när du är på jobbet, medan hunddagis är precis vad det låter som – ett daghem för hundar där man kan lämna hunden på morgonen och hämta den på vägen hem från jobbet.

Båda tjänsterna kan innebära att din hund får träffa andra hundar, även om du kan anlita en dagmatte eller daghusse som bara har hand om just din hund. Det vanligaste är att hundrastaren kommer hem till dig en bestämd tid och tar med sig hunden ut på promenad, en timme eller två, tillsammans med andra hundar.

Möjligheten att få rusa runt och leka med andra hundar uppskattas mycket av en sällskapssjuk hund. Det är mindre lämpligt för en nervös hund, eftersom den kanske inte reagerar så bra på att vara en del av en större grupp. Om man känner sig orolig kan man ju alltid fråga om man får gå med på en promenad och se hur ens hund trivs med andra hundar.

Nedan: **Hundrastare erbjuder en rad tjänster, från vanliga hundpromenader till att ta med hunden på en joggingtur.**

Hunddagis kan se ut på olika sätt. Ligger det i en storstad kan de ha lekmöjligheter inomhus för hundarna eller en inhägnad rastgård. Om det ligger en bit utanför staden kanske det finns större grönområden för hundarna att springa omkring på. Precis som med hundrastare kan en social och sällskaplig hund älska att få hänga med andra hundar på dagarna, medan ett hunddagis kan vara en nervös hunds värsta mardröm.

Hunddagis är inte det bästa för valpar, även om det finns daghem som tar emot dem också. Gruppen består ofta av blandning av hundar med olika temperament och socialiseringen övervakas inte lika noggrant som när man gör det själv. I stället för att förbättra valpens sociala förmåga kan erfarenheterna bli för överväldigande för valpen.

Om man bestämmer sig för något av de här alternativen ska man alltid kontrollera verksamheten ordentligt. Be om referenser eller välj en tjänst som har fungerat för andra hundägare du kan lita på. Be om att få vara med en dag om du känner dig osäker. Om de inte går med på det är det nog inte rätt plats för din hund.

HUNDPENSIONAT OCH HUNDVAKTER

Om hunden måste vara på ett ställe medan du är på semester kan man antingen välja att ha den på hundpensionat eller anlita en hundvakt. Även om majoriteten av hundpensionaten är välskötta företag kan en del hundägare tycka att de ger ett dystert intryck som kan påminna om hundhem där hundarna hålls instängda den mesta tiden av dagen. Om man vill anlita ett pensionat så är rekommendationer, ett besök och massvis med frågor det bästa sättet att försäkra sig om att man lämnar sin hund på ett ställe där den blir väl omhändertagen.

En hundvakt kan antingen vara professionell och ha som yrke att passa hundar, eller vara en vän eller en släkting som tar hand om hunden medan du är bortrest. Ta referenser om du använder dig av någon som har hundvaktandet som yrke.

Var tydlig med hur ofta hunden ska gå ut och om den behöver mycket sällskap och lek. Lämna även fullständig information om vad hunden äter. Kom gärna överens om betalningen i förväg.

Ovan: **Om man anlitare en hundvakt som kan bo hemma hos en kommer hunden att kunna följa sina dagliga rutiner.**

Resa med hunden

Du kommer antagligen att hålla dig hemma med den nya hunden åtminstone några dagar, förmodligen längre om du har en valp. Men förr eller senare vill du ut och åka med hunden. Det kommer att bli enklare om hunden är en lugn resenär.

ÅKA BIL

Om du åkte bil till och från uppfödaren eller hundhemmet kan det ha varit första gången som ditt husdjur satt i ett fordon. Åksjuka är visserligen vanligast hos valpar, men det kan även drabba vuxna hundar som inte är vana vid att åka bil.

De flesta hundar mår bättre ju mer vana de blir, men för att undvika att din hund utvecklar ett livslångt motstånd mot att åka bil ska du bara ta med den på korta turer i början. Dessutom är det bra att köra hunden till en plats som den tycker om, som skogen till exempel.

Undvik bilresor direkt efter måltiderna, se till att det kommer in frisk luft i bilen och låt hunden testa olika platser i bilen (framsäte, baksäte, bagageutrymme) för att minska hundens eventuella åksjuka. Hunden ska sitta säkert i bilen, antingen fastspänd i ett säkerhetsbälte för hundar eller i en transportbur under längre resor.

Burar kan faktiskt få hunden att känna sig tryggare under resan och ibland lindra åksjuka. Om du låter

Nedan: **För många hundar är en biltur, särskilt om den avslutas med en långpromenad, ett uppskattat nöje.**

hunden sitta lös i bilen (vilket de flesta ägare gör) bör den sitta i baksätet. Till och med vid en mindre olycka kan krockkudden fram allvarligt skada hunden.

Även om bilresor till en början kan få hundarna att känna sig obehagliga till mods så brukar de flesta hundar lära sig att älska dem. De får chansen att se världen rusa förbi utanför och möjlighet till promenader på nya platser. Somliga hundar gillar framför allt att sticka ut huvudet genom fönstret, men även om din hund älskar det kan det orsaka ögoninflammation, så de flesta veterinärer avråder från det.

NÄR MAN KOMMER FRAM

Om hunden sitter i en bur eller i en sele finns det ingen risk att den hoppar ur bilen när du kommer fram. Men om du föredrar att ha hunden lös i bilen bör du lära hunden att vänta på rätt kommando innan den får hoppa ut. Det kan vara okej för hunden att hoppa ut om ni är vid stranden eller i skogen, men det är inte säkert för den om du parkerat vid en trafikerad väg i staden, och hunden förstår inte skillnaden.

ANDRA FORMER AV TRANSPORT

Åk inte buss eller tåg med valpen förrän den fått sina första sprutor. När man åker kollektivt med sin hund måste man ta hänsyn till de andra passagerarna. Respektera tågvagnar där djur inte är välkomna. Ta inte för givet att alla i närheten

Ovan: **Hundar måste hållas under uppsikt hela resan när man åker kollektivtrafik.**

vill lära känna din hund och försök välja en tid på dagen när det inte är rusning.

Om hunden verkar bli nervös eller för ivrig måste du hålla den nära dig. Ett kort koppel och en sele i stället för halsband är bästa sättet att hålla kontroll över hunden.

VARNING

Hundar ska aldrig sitta i bilen under längre perioder och de ska inte sitta där alls när det är varmt ute. Bilar kan mycket snabbt bli heta som ugnar en solig dag. Och även om man ställer bilen i skuggan och lämnar ett fönster öppet blir det snabbt för varmt för hunden. Hundar värms upp snabbt och svettas inte via huden. Lägg till en tjock päls och man kan få en hund med värmeslag eller ännu värre.

Träffa nya människor

Hur mycket tycker din hund om främlingar? Det vet man oftast inte förrän hunden träffar någon som den *inte* tycker om. Valpar tenderar att hälsa på alla med stor entusiasm, förutsatt att de inte känner någon form av hot från nykomlingen.

Äldre hundar reagerar med blandade känslor beroende på det de redan har lärt sig om folk. Valp eller vuxen – en hund kan ibland bli rädd för någon okänd detalj hos en person, som att de går med käpp, har hatt på sig eller, som i historien på nästa sida, har mer kläder på sig än i vanliga fall.

Till vänster: **Om man lär hunden att formellt "hälsa" på nya människor kan det lindra nervositeten och ge hunden något specifikt att göra.**

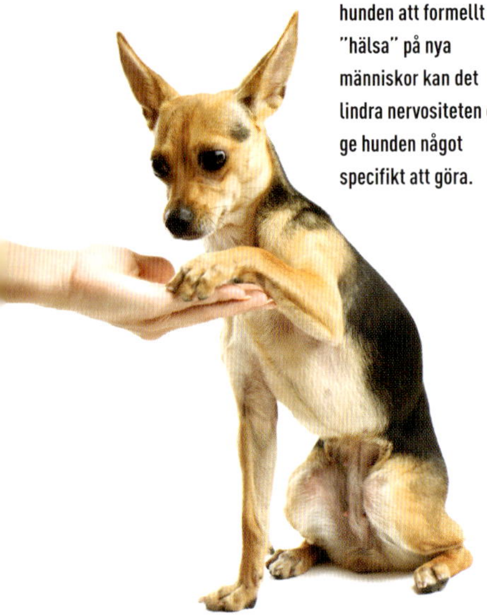

HANTERA RÄDSLA

Om hunden verkar rädd för en person ska den inte tillrättavisas. Det är hundens privilegium att själv bestämma vad den är rädd för, precis som det är ägarens jobb att hantera situationen och lugna hunden. Den bästa lösningen på kort sikt är att ta bort hunden från orsaken till rädslan. Låt inte personen som hunden är rädd för lugna den, varken genom att böja sig ner till hundens nivå och inkräkta på hundens revir, eller genom att hålla ut en hand och förmå hunden att hälsa. Det här kan få hunden att känna sig trängd och det enda alternativet blir att bita till. Om man är hemma kan man be hunden gå till sin plats. Om man är ute rör man sig sakta bort från personen som skrämde hunden.

MOTBETINGNING

Om din hund verkar tycka att vissa bestämda aspekter hos nya människor är skrämmande kan man använda klassisk motbetingning. Det betyder att man ändrar hundens reaktion genom att förändra associationerna som hunden har till det den är rädd för. Ta hjälp av en annan person för att iscensätta olika situationer (en person med hatt, någon som cyklar), där den andra personen får kasta godis till hunden.

Arbeta gradvis under två eller tre tillfällen med det här. Godiset ska delas ut närmare och närmare orsaken till rädslan så att rädslan försvinner och ersätts med en förväntan om att få godis. Det brukar fungera, med lite tålamod.

Du kanske har en hund som inte alls är rädd utan vill vara allas vän. Träna den att sitta för att bli presenterad för någon och genomför inte presentationen förrän hunden sitter. Om hunden ändå hoppar upp ska du låta personen som ska presenteras kroppsblockera den (se sidorna 122–123) för att lära hunden att den inte får hälsa på någon förrän du säger till.

Nedan: **Ta inte upp en hund för att tvinga den att komma nära folk. Att hälsa ansikte mot ansikte är oförskämt i hundvärlden.**

EN HISTORIA
Känna igen det obekanta

Rachel var stolt ägare till en fem månader gammal collie-korsning. Valpen hade hanterat möten med en rad människor och andra hundar med både entusiasm och gott uppförande. Därför blev Rachel förvånad när en vän kom på besök en dag och valpen morrade åt honom. När vännen klev längre in i hallen backade valpen och började skälla. Rachel blev upprörd och sa åt valpen att gå och lägga sig i korgen.

Tio minuter senare fick valpen komma in i vardagsrummet och hälsade då på vännen med sin vanliga entusiasm. Rachel avfärdade det hela som en engångshändelse men en vecka senare hände det igen med samma besökare. Den här gången ignorerade vännen hunden och klev in och tog av sig kläderna. När han tagit av sig "förklädnaden" gick hunden fram och viftade på svansen eftersom den upptäckt någon den kände igen. Det är lätt att förstå varför hunden reagerade som den gjorde. Den hade sett en oformlig varelse med mössa, rock och halsduk och inte känt igen den som en människa, än mindre som någon bekant.

Börja träna valpen

När din valp är på väg att bli rumsren och blivit van vid att hanteras kan du lägga lite daglig träning till rutinerna. Det kommer att ge dig ett försprång inför den "riktiga" träningen, som du inleder när valpen blir lite äldre.

Träna regelbundet och hoppa helst inte över någon dag. Det ska vara korta pass – inte längre än tio minuter per gång – för valpar blir snabbt uttråkade (en valp yngre än 16 veckor har dålig koncentrationsförmåga) och de ska alltid avslutas med en lek.

Förutom att de här tidiga lektionerna lär valpen några grundläggande saker uppmuntras den även till att vända sig till dig för få en tolkning av det som händer runt omkring den. En hund som litar fullt och fast på sin ägare kommer att vara lättare att träna och socialisera när världen runt omkring den blir större.

LÄRA SIG SITT NAMN

Även om ord inte har någon egentlig mening för hundar kan de ändå förses med en rad betydelser. Vi vet inte om en hund som reagerar på sitt namn tänker "det är jag!" eller om den helt enkelt reagerar på namnet för att den vet att det belönas med uppmärksamhet från husses eller mattes sida.

Oavsett vilket lär sig hundar snabbt att reagera på ord. Du vill att hunden ska fokusera på dig, belöna därför hunden så fort den tittar på dig. Den måste inte komma, även om det är bra om den gör det, utan börja med att säga hundens namn lugnt och tyst när du står bredvid den. Beröm och ge hunden godis så fort den tittar på dig. När hunden tittar åt ditt håll så fort den hör sitt namn kan du gradvis minska på godiset. Använd alltid ett positivt och piggt tonläge när du kallar på hunden.

TRÄNA INKALLNING

En glad och pålitlig hund som kommer tillbaka till dig när du ropar på den har det mycket bättre än en hund som inte kommer, eftersom den oftare kan springa lös. Man kan börja med att lära valpen att "komma" så fort den lärt sig att reagera på sitt namn. Ställ dig en bit ifrån och ropa hundens namn, och så fort valpen tittar på dig säger du "kom!" eller "hit!" med glad röst och håller upp en bit hundgodis. Ge hunden godiset så fort den kommer fram till dig. Öva inkallning så ofta det går, ibland som en del i ett träningspass och ibland när valpen gör något annat. Om hunden sölar eller är långsam ska du inte upprepa kommandot mer än en gång, och beröm och belöna alltid valpen när den lyder.

Att komma till dig ska alltid förknippas med något positivt för valpen. Vi vet alla hur motsägelsefullt det är med en hundägare som står och ropar och ropar på sin hund och när hunden till slut kommer skäller ägaren på den. Det bäddar inte för att inkallningen kommer att fungera på sikt. Om valpen är långsam kan du alltid försöka med att springa bort från den samtidigt som du kallar på den och uppmuntra valpen att jaga dig. Få valpar kan motstå detta.

HA HALSBAND

Om valpen inte haft halsband på sig tidigare är det hög tid att vänja den vid det när den 12 veckor gammal. De bästa valphalsbanden är mjuka och ställbara och av nylon, tyg eller skinn. Man ska precis få in två fingrar mellan halsbandet och hundens hals, då sitter det perfekt och inte för hårt. Sätt även dit en adresslapp med namn och telefonnummer. Valpen kommer antagligen att trilskas och försöka ta av sig halsbandet i början. Förutsatt att halsbandet inte sitter för hårt är det här inget du behöver oroa dig för, men kolla varje vecka så att halsbandet inte blivit för litet. De flesta halsband är ställbara men valpen kommer nog att behöva byta både två och tre gånger innan den vuxit klart.

Ovan: **Straffa inte olyckor, men torka upp ordentligt för att försäkra dig om att det inte händer igen.**

INSTINKT **Städa bort doftsignaler**

Även efter det att en valp blivit rumsren kan det hända olyckor hemma. Eftersom hundar ofta använder tidigare doftmarkeringar som stimulus för att markera igen är det viktigt att man städar bort alla doftsignaler som hunden lämnat så att olyckan inte är framme igen. Vanliga rengöringsmedel kanske inte tar bort doftmarkeringen tillräckligt bra för att en känslig hundnos ska kunna missa den, men det finns starkare medel att köpa ute i handeln.

Motion, lek och träning

Hundar behöver motion av precis samma anledningar som vi människor gör. En energisk springtur håller hunden smal och är välgörande för den både mentalt och fysiskt. Det är mindre troligt att en hund som får tillräckligt med motion tuggar sönder möbler, gräver upp trädgården eller utvecklar ovanan att konstant skälla. Och lägger man även till lekstunder, både med andra hundar och människor, får hunden det bästa av två världar: ett rejält motionspass kombinerat med en chans att ha kul med sina hundkompisar och stärka bandet med sina mänskliga vänner.

Och om man närmar sig det på rätt sätt, med positiv förstärkning, så gillar hundar även lydnadsträning. De flesta hundar älskar att lära sig något nytt och välkomnar möjligheten att få beröm och uppmärksamhet av sin ägare. Det här kapitlet tar upp hur mycket och vilken sorts motion hunden behöver, en massa lekar och trick man kan lära den samt olika sorters träning som förvandlar ditt ouppfostrade husdjur till en riktig mönsterhund.

Hur mycket motion?

Hur mycket motion behöver hunden? För många vuxna hundar är svaret: "Mycket mer än den får nu." De flesta veterinärer är överens om att många hundar får för lite motion, och bara ett fåtal lider av träningsutmattning.

Motion gör att hunden håller sig frisk och ungdomlig. Dessutom visar forskning att rätta mängden av rätt sorts aktiviteter kan hjälpa till att minska stress, hålla en temperamentsfull hund lugn och förebygga beteendeproblem, framför allt hos mycket ivriga och reaktiva hundar som alltid måste göra något. Det är bättre om din hund är ute på ängen och jagar en frisbee än att den jagar katten hemma eller bara springer runt i cirklar, vilket bara är två alternativa aktiviteter som smarta, energiska hundar kan komma på om de får klara sig för mycket själva.

Även om din hund verkar vara nöjd med relativt lite motion så är det värt besväret att anstränga sig lite mer för att hålla den i form. Med det sagt så finns det undantag till regeln "motion är bra, mer motion är bättre". Alltför krävande motion är dock inte bra för valpar eller gamla och reumatiska hundar, och all motion passar inte alla typer av hundar.

För en del hundar är ett drömträningspass lika med att få springa fritt omkring på en stor och öppen plats, utan att någon kallar tillbaka dem. För andra hundar är det att få rasa runt med sina hundvänner, att jaga en boll eller frisbee, eller att träna tillsammans med en ägare som själv försöker komma i form. Och många äldre eller mindre aktiva hundar (eller plattnosade hundar som bulldog och mops) tycker att regelbundna, stillsamma prome-

Till höger:
Plattnosade hundar bör motionera försiktigt för att inte överhettas.

nader passar dem bättre än ösiga, superenergiska motionspass.

Kom ihåg att alla former av fysisk aktivitet räknas – motion behöver inte vara lika med snabbt och aggressivt.

RASBEGRÄNSNINGAR

Även om hundens storlek inte nödvändigtvis är relaterat till hur mycket ork den har (några små hundraser, framför allt inom terriergruppen verkar vara outtröttliga, medan andra större eller gigantiska raser inte har så mycket energi som man skulle kunna tro) finns det andra faktorer som påverkar hur mycket motion hunden behöver.

Behovet av motion hos mycket små hundar måste övervägas relativt: 2 km kan vara en kort promenad för en ung labrador eller golden retriever, men det är en långpromenad för en chihuahua.

Plattnosade hundar är särskilt känsliga för överhettning och det är oklokt att låta dem motionera för hårt. Om det är för varmt bör de inte motionera alls. Somliga raser med mycket päls (som newfoundland eller sankt bernhard) klarar inte heller av när det för varmt. Det här är dubbelt sant för valpar och gamla hundar av de här raserna. När det är varmt ute är det alltid klokt, oavsett ras, att förlägga promenaderna och lekpassen till morgonen eller kvällen, när det är lite svalare.

Ovan: **Det är ett välkänt faktum att retrieverraser älskar vatten, men oavsett ras så tar de flesta hundar gärna en simtur, om de får chansen.**

EN HISTORIA
Rätt sorts motion

Sarah hittade sin åtta-månadersvalp på ett hundhem. Casey var en dvärgtax, så liten att den såg ut som ett mjukis-djur. När Sarah fick hem valpen visade det sig att den var envis och egensinnad och gillade att leka. När Casey var ute med andra hundar var han alltid först att hoppa efter en boll eller en frisbee.

Sarah var orolig, för hon hade blivit varnad för taxars anlag för att drabbas av ryggproblem. Men hon ville inte förstöra Caseys chans till att ha kul. Hon ringde hundhemmet som föreslog att hon skulle kanalisera Caseys energi till träning. Sarah var tveksam, men tog med Casey till en agilitykurs. Det blev succé redan från början. Casey lärde sig fort och fick gå en special-kurs för hundar med känsliga ryggar, där det ingick slalom, tunnlar och övningar på gungbrädor i stället för hopp. Casey älskade träningspassen så mycket att Sarah anlade en agilitybana i trädgården så att han kunde öva varje dag. Han är numera så förtjust i agility att han verkar ha glömt allt vad frisbee heter!

MOTION FÖR VALPAR

Hur mycket, hur snart? Det råder delade meningar kring huruvida det är bra för en valp med krävande motion eller inte. En del uppfödare och veterinärer avråder från långa promenader med hundar som är yngre än ett år, medan andra säger att en valp över sex månader kan motioneras tills den blir fysiskt trött.

Om din valp är renrasig kan du fråga om behovet av motion när du hämtar den, eftersom uppfödaren antagligen vet vad som är bäst, och om du har en blandrasvalp ska du använda ditt sunda förnuft.

Nedan: **De flesta hundar gillar att nosa runt även i trädgården. Att vara utomhus måste inte vara lika med "motion", om din hund ändå får långa promenader och mycket lek.**

När valpen fått sin första omgång med vaccinationer kan du öka på promenaderna successivt. När entusiasmen börjar tryta hos valpen är det dags att gå hem. Om ni ska vara ute längre än en timme, oavsett om ni ska köra ett hårt motionspass eller inte, så kom alltid ihåg att ta med vatten till valpen. Hundar kan bli uttorkade utan förvarning och det kan vara farligt.

Till höger: **Valpar är entusiastiska motionärer, men blir fortare trötta än äldre hundar. Var beredd på att gå hem med valpen om orken tryter.**

KOMIHÅGLISTA
Bra valpmotion

Ja

- Låt valpen leka utomhus i trädgården, eller annat närområde, från bara några veckors ålder. Det är bra även för små valpar att få uppleva olika lukter och föremål.
- Låt valpen leka tills den blir trött. Om valpen plötsligt somnar, låt den sova tills den vaknar av sig själv. Alla valpar har stunder av plötsliga energiutbrott som blandas med lika plötsliga vilostunder.
- Var uppmärksam på tecken som visar att valpen är trött när ni är ute. En trött valps ansikte kan se mindre "fylligt" ut, och den avslappnade "glada" munnen är mer spänd runt mungiporna. Lär dig att känna igen det trötta ansiktet och ta det som ett tecken på att det är dags att gå hem.

Nej

- Uppmuntra inte valpen att hoppa och skutta. Överansträngning kan skada växande leder och ligament hos en hund som inte är fullvuxen.
- Låt inte valpen springa upp och ner i trappor eller möbler, av samma anledning – det är inte bra för de växande lederna. Hundar med långsträckt kroppsform, som taxar eller dandie dinmont terrier, ska inte ens uppmuntras att klättra och hoppa som vuxna hundar, eftersom dessa raser har anlag för diskbråck och andra problem.

Olika sorters motion

Om du vuxit upp med en hund vars enda motion bestod av halvtimmeslånga promenader så kommer dagens utbud av aktiviteter att förvåna dig. Det finns inte längre några ursäkter för att bara gå ett varv runt kvarteret när hunden måste röra på sig.

Till vänster: **Det är inte bara stora raser som gillar agility. De flesta hundar älskar att springa en bana som är skräddarsydd efter deras förmåga.**

På liknande sätt har det begränsade utbudet av leksaker, som förr mest bestod av bollar och pinnar, utökats till en massa olika färgglada föremål som rullar, piper, ringer och hoppar för att passa alla smaker.

Kolla upp om det finns hundträningskurser där du bor. Bland alternativen kan man hitta agilitykurser, flyball där hundar i stafettform hoppar över hinder och fångar en boll, hunddans, lydnadskurser, spårkurser för jakthundar, hunddressyr och så vidare.

Om man har en siberian husky, samojedhund, alaskan malamute eller någon annan nordlig hundras, kan man pröva på både släde och hundspann.

Självklart måste hunden ha uppnått en viss grad av lydnad för att kunna gå någon av ovanstående motionskurser, men om du har en hund som redan från början visat intresse för, låt säga, att följa doftspår eller hoppa över staket, så kan den nog tycka om att lära sig använda sin förmåga i en mer organiserad form.

VATTENLEK

Vatten har en stark dragningskraft på de flesta hundar, men framför allt på apporterande hundar och vatten-

Ovan: **Ta inte för givet att okända vatten passar för ett bad. Håll hunden kopplad tills du har kollat att vattnet är säkert.**

hundar som labrador, golden retriever och olika sorters spaniel. Om din hund älskar att simma och leka i vattnet mer än något annat vet du hur svårt det är att hindra den från att springa rakt ut i vattnet var det än är, oavsett om det är havet, den lilla insjön eller forsande vatten. Många hundar gillar även att ta ett dopp i poolen.

Men vatten kan också vara farligt. En skenbart långsam flod eller ett lugnt hav kan dölja underströmmar som hunden inte klarar av. Och även om det inte är lika farligt så kan en sjö med stillastående vatten innehålla alger som kan göra hunden sjuk. Även pooler kan vara besvärliga om inte hunden enkelt kan ta sig upp.

Det finns säkert många ställen där din hund kan hoppa i vattnet och simma säkert och du kan se på när den roar sig, men om hunden är en sann vattenälskare stannar den inte upp för att tänka på riskerna så det måste du göra åt den.

Om ni är på en plats där hunden inte har simmat förut kan du prata med folk från trakten innan du tar av kopplet. Kolla om du ser andra hundar som badar och prata med de andra hundägarna. Om du har en pool på tomten så installera en ramp så att hunden kan komma upp om den skulle råka trilla i.

VARNING

Kontrollera alltid att vattnet är klart innan du låter hunden hoppa i. Om det är tjockt med sjögräs och alger, eller grumligt grönt, så kan hunden inte bada. En hund får alltid i sig vatten när den simmar, och vatten av det här slaget är inte säkert att dricka.

Börja träna valpen

Formell träning och uppfostran måste införlivas i den allmänna socialiseringen av valpen. De flesta valpar kan inte koncentrera sig länge nog för att klara av ett träningspass ordentligt före tolv veckors ålder, men det är aldrig för tidigt att introducera en idé.

När man börjar träna tidigt ska man inte tappa modet om övningarna inte verkar "gå in". Släpp det i en vecka och försök igen senare.

BRYTA DÅLIGA VANOR

Förutom att lära sig nya saker måste valpen göra sig av vid några ovanor. Den vanligaste är att nafsa när man tar i den eller när valpen blir för ivrig, oavsett om det är när den leker eller när man försöker lära den något. Tillåt aldrig att hunden nafsar, utan reagera omedelbart. I samma ögonblick som hunden biter säger du "ajajaj" i en hög skarp ton (ju mer du kan få det att låta som smärtsamt gnällande desto bättre) och vänder bort huvudet. Undvik ögonkontakt och sätt ner hunden om du håller den. Titta inte på hunden och fånga inte valpens uppmärksamhet under en till två minuter. Du kanske känner dig elak, valpen menade ju inget illa, men att nafsa är en dålig vana som hos en vuxen hund kan vara farligt. Hunden får aldrig tro att det är okej att bitas. Och det är mycket viktigt att man stoppar det redan när hunden är liten. Du kommer antagligen att behöva upprepa "ajajaj-reaktionen" flera gånger, men till slut kommer valpen att förstå.

INSTINKT **Vill ha uppmärksamhet**

För del flesta hundar är någon form av samspel med dig – deras ledare – bättre än ingenting alls. Av den anledningen är ogillande som fokuserar på hunden inte effektivt. Din hund föredrar självklart beröm, men trots att du inte berömmer den så är du ändå koncentrerad på hunden. Men i stället för att reagera på dåligt uppförande ska du lära dig att ignorera det och i stället uppmuntra det du vill att hunden ska göra. Det kanske inte känns naturligt, men eftersom du kommer att få fram rätt budskap i hundens värld så är det effektivt.

Glöm inte att valpar behöver tugga. Ha alltid tillåtna tuggleksaker eller ben hemma, och efter timeouten för att den nafsade kan du ge valpen ett ben eller en leksak som den kan tugga på så mycket den vill.

KROPPSBLOCKERING

Om din valp eller vuxna hund hoppar upp på dig och du vill att den ska sluta är din naturliga instinkt att sträcka ut armarna för att avvärja hunden. Vanligtvis (och lika instinktivt) säger du ”Nej!” eller ”Gå ner!” samtidigt som du knuffar ner hunden. Det här fungerar inte, för hunden tänker inte som du. När du håller ut händerna (sträcker fram tassarna) fångar du hundens uppmärksamhet, och när du höjer rösten kan du till och med vända det ovälkomna hoppandet till en lek.

I stället ska du kroppsblockera hunden, vilket otvetydigt ger den en signal om att den gör fel. Det bästa är om du kan fånga hunden innan tassarna träffar din kropp, så du måste vara snabb. När hundens tassar lämnar golvet ska du vända dig bort från hunden, sträcka ut benet och hålla upp det lite och hindra hunden från att få fäste med tassarna. Du ska absolut inte använda händerna för att hindra hunden. När du kroppsblockerar ska du säga ”nej” med lugn och stadig röst. När hunden inte kan lägga upp tassarna på något kommer den att ställa sig ner på golvet igen och du kan ställa dig på knä bredvid och klappa den som belöning. Om hunden redan lärt sig kommandon kan du säga ”sitt” och få den att fokusera på något som du vill att den ska göra och sedan belönar du den med godis eller beröm.

LÄR DIG **kroppsblockera**

1 Upp med händerna, ut med benet och vänd kroppen åt sidan för att förhindra att hunden hoppar upp på dig.

2 När du har blockerat upphoppet kan du belöna hunden med uppmärksamhet (men inte förrän alla tassar är tillbaka på marken).

TRÄNA BARNEN

Om hunden bor med en familj måste den lära sig att barnen är högre i rangordningen och ska behandlas med respekt. Likaså måste barnen behandla hunden med respekt och inte bli för ivriga omkring den. Barn är en större utmaning för hundar än vad vuxna är. De har högre tonlägen och är mindre förutsägbara och de rör sig mer – små barn rusar ofta runt, är stilla en sekund och fortsätter sedan springa. Den här typen av ljud och rörelser stimulerar de flesta hundar. De gälla rösterna är spännande, precis som de oförutsägbara rörelserna.

Enligt forskningen provocerar båda sakerna hundens "rovinstinkter" och uppmuntrar den att jaga och attackera. Av den anledningen ska man inte ens lämna en hund man litar på obevakad tillsammans med små barn och absolut inte en valp, som är mer oförutsägbar.

Det är inte rättvist att begära av en hund, framför allt en valp, att det är den som ska stå för all självbehärskning. Man kan inte hindra att barn beter sig som barn, men man kan lära dem hur de ska bete sig runt en hund, redan när de är små.

KOMIHÅGLISTA
Etikett för barn runt hundar

- Om det är en vänlig hund kan du klappa den försiktigt. Stå inte rakt framför hunden och klappa den inte på huvudet. Närma dig från sidan och stryk den på sidan eller magen.
- Sträck aldrig fram ansiktet mot hundens ansikte och stirra den inte i ögonen. Hunden kan känna sig hotad och bita dig.
- Brottas aldrig på lek med en hund, även om du känner den bra och även om du sett en vuxen göra det.
- Om du vill leka med en hund du inte känner ska du alltid be ägaren om lov först. Spring aldrig fram till en okänd hund.

FÖLJA LEDAREN

När valpen vant sig vid halsbandet och har gått med löst hängande koppel i några dagar, kan man börja öva på den lek som till sist lär valpen att gå fot.

Det kan ta lång tid att lära en hund att gå fot, eftersom det – till skillnad från "sitt", "ligg" och "kom" – inte liknar något naturligt beteende. Det bästa sättet att börja träna hunden att gå fot är att göra det till en lek att följa dig. Det här kan man göra även med en liten valp, och om valpen verkar ha problem med nästa steg i inlärningsprocessen återvänder man bara till det föregående. Med det gamla sättet att träna på, där ägaren fick lära sig att dra valpen efter sig tills den "lärt sig", lärde sig inte valpen ett dugg mer än att det gjorde ont om den inte gick. Det är ingen bra läxa.

I stället ska man utnyttja hundens jaktinstinkt och få den att följa dig och till sist, med hjälp av massor med tålamod, kommer den att gå med dig. Kopplet kommer in allra sist i den här ekvationen. Om hunden har koppel på sig som en naturlig del av leken kan du så småningom plocka upp det (utan att sträcka det) och gå med hunden när den verkar nöjd med att gå bredvid dig. Till sist kommer valpen varken att dra eller slita i kopplet och du kommer inte heller vara beroende av det för att kontrollera hunden, om det inte händer något överraskande.

Den här leken – att följa ledaren – fungerar på de flesta hundar oavsett om man tränar en valp eller en vuxen hund.

Första steget är att uppmuntra hunden att jaga dig. Fånga hundens uppmärksamhet och spring sedan iväg från den. Kalla på hunden och gör samtidigt en massa ljud för att se till att hunden är "med" dig. När hunden kommer ifatt dig ger du den godis som du håller ner vid sidan om benet på den sida där du vill att hunden ska gå, vanligtvis den vänstra. Sedan går du raskt iväg igen och börjar springa när hunden närmar sig. När hunden kommer fram till dig belönar du den igen.

Öva det här dagligen och alltid med godis till hunden vid det ben där du vill att den ska gå fot. Och gör hela övningen till en lek, tills din hund glatt kommer rusande så fort du börjar springa. Ju raskare steg desto bättre.

LÄRA HUNDEN **gå fot**

1 **Börja med att gå med raska steg bort från hunden. Kalla på hunden för att få den att fokusera på dig.**

2 **När hunden börjar röra sig mot dig springer du iväg samtidigt som du ropar på den. Gör jagandet till en lek.**

3 **När hunden kommer ifatt ger du den godis som du håller tätt intill vänster ben, och sedan springer du iväg igen.**

Till vänster: **En hund som tränats ordentligt att gå i koppel har mer frihet, eftersom det är lättare att ta med den överallt.**

GÅ I KOPPEL

När hunden lärt sig att jaga efter dig när du springer iväg (för att ta godiset som du håller vid benet när den kommer ifatt), kan du börja plocka upp kopplet när du går iväg igen. Gå med raska steg så att hunden går bredvid dig. Om den börjar gå före dig går du åt ett annat håll så att hunden följer dig igen. Promenera inte bara fram och tillbaka utan byt riktning emellanåt och gå åt olika håll.

Det du försöker säga till hunden är att den går med dig och inte att ni ska till en speciell plats. Målet är att få hunden att gå bredvid dig oavsett fart eller riktning och, så småningom, oavsett vilka överraskningar ni möter på vägen.

Det viktiga är att kopplet alltid är slakt så att hunden går med dig i stället för att gå sin egen väg, samtidigt som den är kopplad till dig. Och genom att hålla kopplet slakt undviker du risken med att hunden plötsligt får för sig att dra eller bita i det. Hunden ska vara mer intresserad av att jaga dig för att se vad du har för gott att erbjuda.

När hunden börjar förstå idén med att promenera med dig, ska du

KOMIHÅGLISTA
Bra koppeletikett för människor

- Håll alltid kopplet på samma sida, vanligtvis är det din vänstra sida.
- Se till så att du går bredvid eller framför hunden.
- Träna lite och ofta.
- Låt glad och upprymd när du ska få hunden att jaga dig. Koppelträningen ska vara en lek.
- Gå inte ut med hunden i koppel förrän den kan grunderna och kan gå med dig.

börja ge den godis mer oregelbundet. Godis ska vara en hjälp vid träningen och inte en ständig lockelse, för annars kommer hunden till slut bara att göra det du vill för att den ska få mat.

I stället ska man bara ge godis emellanåt, vid andra tillfällen kan man använda en glad röst och berömma och kela med hunden och genomföra hela övningen som om det vore en spännande lek och inte en läxa som ska läras in (kom ihåg att din hund inte vet om det är träning eller lek, den förstår bara att den har kul).

Om du någon gång sett hundshower eller lydnadskurser på tv har du säkert lagt märke till hur hundarna som är med alltid ”kollar av” med sina ägare, de tittar upp på dem när de går bredvid. Och det är det du vill uppnå med din hund.

Se till så att gå i koppel blir en del av träningen redan från början, men öva det vid olika tillfällen under dagen och, som med alla andra övningar, håll träningspassen roliga, korta och omväxlande. Eftersom det är viktigt att en hund kan gå lugnt och sansat i koppel är det värt besväret att börja tidigt och fortsätta en bra bit in i vuxen ålder.

Misströsta inte ifall din hund är äldre. Man kan lära en vuxen hund att gå i koppel med samma metod. Om en vuxen hund redan lärt sig att dra i kopplet kan det ta längre tid att lära den att gå bredvid dig, men är man tålmodig och konsekvent klarar man det.

LÄRA HUNDEN **gå i koppel**

1 När hunden vant sig vid att jaga dig och få godis när den kommer ifatt plockar du upp kopplet ...

2 ... och börjar springa igen. Hunden kommer nu att springa bredvid dig.

3 Sakta ner farten och börja gå i rask takt, men växla fart och riktning för att hålla hunden uppmärksam på dig.

Träna en äldre hund

Om du har skaffat dig en äldre hund och pratat med dess förre ägare eller hundhemmet, har du kanske något hum om vad den fått för träning tidigare. Många ägare blir glada när de märker att deras hittehund redan är uppfostrad.

Men under de första veckorna är det vanligt att man märker av problem som kräver lite arbete.

HUR ÄR DIN HUND?

Du har säkert redan fått allmän information om hur hunden är – huruvida den är rädd eller självsäker, om den trivs med andra hundar och om den tycker om barn. Men du kan inte veta i detalj hur hunden kommer att reagera på en specifik situation förrän du fått hem hunden.

Och i de flesta fall så upptäcker man som ägare till en adoptivhund att de första veckorna är en ”smekmånad”, innan hundens mångsidiga beteende börjar märkas.

Många, många vuxna hundar anpassar sig bra med mycket få missöden. Men även den mest lättskötta hund mår bra av en

Nedan: **Ge din nya hund en chans att socialisera med andra hundar, både med och utan koppel, så att du ser hur den kommer överens med dem.**

Till höger: **Testa olika leksaker på din nya hund. En hund som inte är intresserad av bollar kanske älskar att jaga en frisbee, medan andra hundar älskar allt som piper eller låter.**

repetitionskurs i lydnad. Om hunden redan vet sin plats hjälper kursen den att bli mer självsäker, och om den behöver repetera några saker för att bli mer väluppfostrad kan några underhållande pass med omväxlande träning och lek skapa starkare band mellan er. Skilj inte för hårt mellan träning och lek. Blanda koppelträning (som beskrivs på föregående sidor) med lite bollkastning eller kurragömma varje dag utan att hunden ens märker att den tränas. Om du växlar mellan lek och träning blir hunden mer entusiastisk inför träningen och det uppmuntrar den att vända sig till dig för att se vad ni ska göra härnäst.

Att ha tålamod och vara konsekvent är lika viktigt med en vuxen hund som det är med en valp. Och faktum är att om hunden kommer från förhållanden där den ignorerades eller, ännu värre, blev misshandlad, är det ännu viktigare. Innan du funderar på att testa hur väluppfostrad hunden är ska du ta reda på hur pass entusiastisk den är. Vad motiverar den mest? Godis eller en boll? Är hunden en pinnefanatiker eller älskar den saker som piper? Och när du väl lärt dig vad som triggar igång hunden vet du vilken belöning du ska ge den.

FÖRSTA STEGEN

Hur omväxlande ditt liv än är så ska du inte utsätta hunden för överraskningar den första tiden med dig. Till dess att du vet hur hunden kommer att reagera under olika omständigheter bör du försäkra dig om att du har kontrollen över de situationer där hunden möter något nytt för första gången.

Börja med att experimentera hemma. Kalla på hunden när den är i ett annat rum och försök få den att komma till dig. Få hunden att sitta och ligga (se sidorna 132–133). Om hunden lyder dessa kommandon kan du gå vidare med ”stanna” (eller ”plats”).

Lek med några leksaker. När hunden är upptagen med en leksak försöker du få hunden att ge dig den. Om hunden lyder direkt ger du tillbaka leksaken på en gång. Om inte, försök byta den mot en annan leksak eller godis – och sedan ger du ändå tillbaka den första leksaken.

Ovan: **Låt hunden börja med att känna sig säker med en eller två andra snälla hundar första gången du tar med den ut, innan du presenterar den för större grupper med hundar.**

VARNINGSSIGNALER

Sök professionell hjälp om hunden:

- "Leker" på ett dominerande och aggressivt sätt med andra hundar.
- Gör utfall och skäller på andra hundar när den går i koppel.
- Vaktar sina saker alltför mycket, exempelvis morrar åt någon som går förbi hunden när den har en leksak.
- Kryper ihop eller är överdrivet rädd för okända människor eller hundar.
- Har bitit, eller varit nära att bita någon, oavsett anledning.

När du lärt dig var gränserna går kan du börja experimentera när ni är ute. Låt hunden pröva att leka med någon hund du känner som är snäll och lättsam. Ta av kopplet i olika miljöer, testa inkallning med olika störningsmoment (till exempel en grupp hundar som leker en bit bort). Observera noggrant hur hunden reagerar i olika situationer och pröva inte något nytt förrän hunden klarar det föregående. Låt exempelvis inte hunden träffa flera hundar på en gång förrän den haft vänliga möten med först en hund och därefter med två.

Medan du fortfarande håller på att lära känna hunden ska du koncentrera dig på att känna igen potentiella problem. När du vet vad problemet är, om det ens finns något, kan du bestämma dig för vad du ska göra åt det.

LÖSA PROBLEM

Eventuella problem löser man bäst genom att ta hand om dem snabbt och effektivt. Vänta inte tills problemet förvandlats till en krissituation. Om hunden verkar vara rädd för eller aggressiv mot andra hundar när den går i koppel, eller inte accepterar att man tar i den, är det bättre att genast söka professionell hjälp än att hoppas på att det kommer att ordna sig och därmed riskera att man helt förlorar kontrollen och beteendet övergår i en kris.

Det är ofta mer effektivt att låta en expert ha enskilda träningspass med hunden för att rätta till problemet än att förlita sig på allmänna lydnadskurser. Lydnadskurser är för hundar som inte har specifika beteendeproblem. Ledarna på dessa kurser har ofta inte tillräckligt med tid för att ge var och en av hundarna individuell träning, och närvaron av en stor grupp med hundar kan överstimulera en hund som redan har så pass allvarliga beteendeproblem att en vanlig lydnadskurs är meningslös och till och med kan göra problemen värre.

Om du behöver ta kontakt med någon som kan hjälpa dig kan du fråga andra hundägare eller rådfråga din veterinär. Fråga vilka metoder som använts innan du bestämmer dig och undvik tränare som använder hårda korrigeringsmetoder eller insisterar på att ägaren ska "dominera" hunden. En tränare som betonar positiv förstärkning är alltid det bästa alternativet.

EN HISTORIA
Bryta dåliga vanor

Simons treåriga hittehund Buster var lugn hemma och fungerade bra med andra hundar när han lekte utan koppel. När Buster gick i koppel var det en helt annan sak. Han gjorde utfall och skällde varje gång han mötte en annan hund, och det gick inte bättre på lydnadskursen – så fort Buster fick på sig kopplet började han skälla hysteriskt. Simon tog kontakt med en hundpsykolog.

Hundpsykologen gick med Simon och Buster på promenad för att kunna observera Buster i full aktion. Hennes slutsats blev att Buster blev överstimulerad när andra hundar var i närheten och han inte kunde umgås med dem, och beteendet kom sig av att han kände sig frustrerad. Psykologen kom med förslag hur Simon skulle fånga Busters uppmärksamhet när han blev för upphetsad, till exempel genom att spruta vatten på hunden och ge ifrån sig höga och oväntade ljud. När Simon lyckats fånga Busters uppmärksamhet kunde han uppmuntra hunden att uppföra sig som han ville. Det dröjde inte länge förrän de kunde gå förbi andra hundar utan störande incidenter.

Finslipa grunderna

Om du har en valp kommer du att behöva lära den "sitt", "ligg" "stanna" och "hit" från grunden. En vuxen hund kan – beroende på bakgrund – behöva en repetitionskurs, eller så kanske du måste börja från början, precis som med en valp.

De här fyra kommandona utgör grunden och är byggstenarna till allt det som din hund kan lära sig senare. Du kommer att använda dem så ofta att din hund till slut gör dem rakt av utan att någon av er tänker på det. Så det är bäst att börja rätt.

Följande övningar ska utföras som en del av hundens dagliga rutiner. När hunden kan dem har du automatiskt ökat antalet platser som du kan ta med hunden till eftersom du både kan lita på och kontrollera hundens beteende. Alla valpar som klarar av de fyra kommandona merparten av gångerna, inklusive de gånger den är distraherad av något utomhus och inte bara när den är ensam hemma med dig, är duktiga.

LÄRA HUNDEN **"sitt" och "ligg"**

1 Ge kommandot "sitt". Håll upp godiset och håll handen en liten bit bakom valpens huvud, så att hunden sträcker upp huvudet mot handen ...

2 ... samtidigt kommer den att sätta ner baken mot golvet. Ge hunden godiset så fort baken rör vid golvet.

INSTINKT **Bus eller godis?**

Din hund vet antagligen att det finns chans till godis när den gör som du säger, men om du blandar godis-belöningar med andra saker som hunden gillar kommer den att koppla ihop det förväntade beteendet med flera trevliga saker i stället för en specifik belöning. Du vill inte att hunden ska sitta eller stanna bara om du har godis i handen, för då blir det godiset som lockar i stället för vilken belöning som helst. I det avseendet skiljer sig inte hundens sätt att tänka från vårt: godis ska vara en möjlighet och inte en oundviklig betalning. För det som hunden gillar mest är att umgås med dig, precis som att det du tycker bäst om är att umgås med din hund.

LIGG

När din väl hund lärt sig ”sitt” är ”ligg” vanligtvis enkelt, men tar lite längre tid. Ha godis i handen men visa det inte för hunden förrän du bett den sitta och hunden sitter. Ställ dig på knä (säg ”sitt” igen om hunden reser sig) och för handen med godiset ner mot golvet. Sedan för du handen fram mot hunden. Några hundar lägger sig direkt för att få sitt godis, medan andra ställer sig upp och puffar med nosen mot handen.

Ge inte hunden godis förrän den ligger ner. Om hunden inte verkar förstå kan du trycka försiktigt på ryggen för att visa att hunden ska ligga, men det är hundens beslut så försök inte tvinga den på plats.

3 För att lära hunden ”ligg” får man först hunden att sitta, sedan för man fram handen med godiset mot hundens nos och säger ”ligg”.

4 Så fort hunden lägger sig ger du den godis. Men vänta tills hunden lagt sig helt och låt den inte nosa fram godiset i handen.

Även om ”ligg” tar längre tid än ”sitt” så lär sig de flesta hundar det efter några träningspass. Kom ihåg att överlämna godiset i samma ögonblick som hunden lägger sig ner, så att den kopplar beteendet till belöningen.

STANNA (PLATS)

Även om unga aktiva hundar kan tycka att det är svårt att vara stilla en längre tid så är det ändå lätt att lära de flesta hundar ”stanna” eller ”plats”. När hunden förstått innebörden kan man öka på tiden som den ska vara stilla. Hjälp hunden i början genom att träna inomhus utan störningar. Försäkra dig om att hunden helt och fullt kan ”ligg” innan du börjar med ”stanna”. Hunden blir bara förvirrad om du ska försöka lära den båda kommandona samtidigt.

Börja med att få hunden att sitta framför dig. När den gör det tar du ett steg bakåt och håller upp ena handen med handflatan framåt. Håll handen uppsträckt, hunden får inte blanda ihop den här handrörelsen med den för ”sitt”. Säg ”stanna” med låg och lugn röst. Första gångerna kanske hunden hoppar upp och kommer mot dig. Om det händer ska du vara tålmodig – be hunden lägga sig igen och upprepa övningen.

Så fort hunden förstår och stannar – om än bara för ett ögonblick – så går du fram och ger hunden godis. Agera snabbt så att hunden associerar godis med ”stanna” och inte med när den ställer sig upp.

LÄRA HUNDEN **stanna**

1 Få hunden att sitta. Håll upp handen med handflatan framåt och säg ”stanna”.

2 Gå några steg bakåt med handen uppe. Om hunden börjar resa sig säger du ”stanna” igen med lugn och låg röst. Så fort den stannar, om så bara för en sekund, ger du hunden godis.

KOMIHÅGLISTA
Träningstips

- Träningspassen ska vara korta. Fem eller tio minuter räcker.
- Använd en lugn och positiv röst. Låt aldrig frustrationen märkas i rösten.
- Gå tillbaka till det hunden kan om du har problem med ett speciellt kommando eftersom det hjälper till med att öka hundens självförtroende.
- Var nog med tajmingen. Belöna hunden när den gör det du vill att den ska göra och inte i det ögonblick hunden slutar göra det.

Det kan ta några gånger innan det här sitter. Och inte förrän hunden klarar av att stanna kvar i några sekunder i en lugn och tyst miljö kan man pröva ”stanna” på en plats där det finns störningar. Om man tränar dagligen kommer de flesta hundar lära sig ”stanna” även när de är på lite längre avstånd från dig och det händer intressanta saker runt omkring. Öka svårighetsgraden varje gång du kör ”stanna” med ett steg i taget och tänk på framstegen i termer av månader och inte veckor.

HIT (KOM)

”Hit” ska vara ett av de första orden i hundens vokabulär. Lägg in övningarna som en del av de dagliga rutinerna. Börja med använda ordet med en positiv röst när hunden ändå är på väg mot dig och belöna hunden så fort den kommer fram. När hunden fattat innebörden kallar du på den när den är i närheten men ännu inte börjat röra sig mot dig. Öka gradvis avståndet för varje gång du kallar på hunden. När hunden kommer varje gång börjar du kalla på den när den är distraherad eller upptagen av annat.

Gör aldrig felet att skälla på hunden när den väl kommer till dig, även om du förgäves ropat på den en stund. Att komma tillbaka till dig är rätt sak att göra, så hunden har förtjänat sin belöning. Strunta i misslyckandet och belöna framsteget och till slut kommer hunden till dig varje gång du ropar.

3 När hunden kan ”stanna” en sekund eller två växlar du mellan godis och beröm. När hunden får röra sig igen säger du ”okej” eller ”varsågod” och öppnar händerna så att hunden förstår att den får röra sig igen.

Klicker-träning

Klickerträning har blivit så kolossalt populärt de senaste femton åren att de flesta lydnads- eller träningskurser erbjuder det åtminstone som ett alternativ, och många använder det som sin enda metod.

HUR DET FUNGERAR

På 1940-talet började man inom forskningen om djurens beteende fokusera på instrumentell betingning, det vill säga föreställningen om att ett upprepat positivt eller negativt resultat så småningom kommer att påverka beteendet som leder fram till det, så att erfarenheten av ett positivt resultat gör ett önskat beteende mer troligt. Träningsmetoden som uppstod ur det här – som först visade sig framgångsrik på delfiner där man använde visselpipor – utvecklades gradvis till den klickerträning som idag används på alla sorters djur.

Klickern är en liten plastdosa med en metalltunga inuti. När man trycker på tungan avges ett tydligt dubbelklickande ljud. När hunden hör klicket vet den att den ska få godis genom att göra som du vill. Man lär hunden att koppla samman klickandet med beteendet.

Man kan fråga sig hur det här specifika ljudet skiljer sig från ljud (ett ord, klickljud eller vissling) som man själv kan göra.

Den viktigaste skillnaden är att man med övning kan lära sig att klicka precis i det ögonblick som det önskade beteendet sker. Det är mycket svårare att göra det med ord än vad man kan tro. Till och med tränare som inte har engagerat sig i den här tekniken använder sig ofta av klicker för att lära ut svåra trick, eftersom den signalerar det önskade beteendet till hunden under bråkdelen av en sekund. Den andra fördelen är att klickern alltid låter

Nedan: **När hunden väl lärt sig kommer klickljudet omedelbart att fånga hundens uppmärksamhet.**

likadant, till skillnad från den mänskliga rösten.

HUR MAN TRÄNAR

Om du vill prova klickerträning är första steget att försäkra sig om att hunden gör kopplingen mellan klickljud och godis. Förse dig med något godis som hunden gillar, så att du garanterat får dess uppmärksamhet. Du kommer att dela ut mycket godis i början så det bör vara små bitar, till exempel av korv eller ost.

Se till att din hund inte är distraherad av något annat innan ni sätter igång. Klicka sedan en gång. När hunden tittar på dig (vilket den kommer att göra) ger du den godis. Nu har du fått hundens uppmärksamhet, klicka igen. Hunden kommer att titta på dig. Ge den godis. Efter fem eller sex repetitioner kommer hunden att börja förstå, då kan du be den göra något som den redan kan, som "sitt" eller "ligg". Så snart hunden gör detta klickar du och ger den godis.

Det låter nästan för enkelt, men det fungerar. Försök att inte prata när ni tränar med klicker (förutom för att säga "duktig hund" när du ger den godis, om du tycker att det är för svårt att inte prata alls) och tänk på att, som vid all träning, träningspassen ska vara korta och avslutas innan hunden blir uttråkad. När hunden förstått idén kommer du att märka att så fort den hör klickljudet kommer den att titta efter godis. När det händer kan du dröja en stund innan du belönar hunden. När den lärt sig ett beteende ordentligt kan du gradvis sluta ge godis och bara använda kommandot och klickern, berömma hunden och därefter gå vidare till nästa sak du vill att den ska lära sig.

Om du blir imponerad av resultaten redan efter ett eller två träningspass tillsammans med din hund kan du söka till en hundkurs med klickerträning för att utveckla det här mer.

KOMIHÅGLISTA
Klickeretikett

Ja

- Träna på tajmingen innan du prövar på hunden. Kolla sekundvisaren på en klocka och försök klicka precis i det ögonblick sekundvisaren träffar 12 eller 6 på urtavlan.
- Bryt ner beteendet eller tricket till små steg. Klicka och belöna med godis för vart och ett av dem.

Nej

- Peka inte med klickern mot hunden som ett vapen. Håll den vid din sida i stället.
- Gå inte vidare med mer komplicerade övningar (som att rulla runt) om din hund inte verkar förstå de olika stegen. Ta en paus i stället och be hunden göra något som den kan – som att sitta – klicka, belöna och börja om igen.

Lära sig leka

Det finns goda och dåliga vanor även när man leker. Vi har redan gått igenom hur man får valpar att sluta nafsa och hoppa upp (se sidorna 122–123). Här ska vi titta på hur man leker under kontrollerade former.

Till vänster: **Många hundar älskar dragkamp. Se alltid till att det är du som "vinner" leksaken i slutet.**

BROTTNING OCH DRAGKAMP

Många hundar älskar att brottas, vare sig det är med husse eller matte eller med andra hundar. Hundar kan mycket väl brottas med varandra, förutsatt att stämningen är god mellan dem. Om en hund blir för upphetsad och börjar bita utan återhållsamhet ska slagsmålet avbrytas innan att någon blir allvarligt skadad. Brottning mellan hund och människa kan också vara roligt men är mycket mer riskfyllt. Om hunden blir för upphetsad – vilket kan gå blixtsnabbt, alldeles för snabbt för att en människa ska hinna hindra det – kan ett ohämmat bett skada en människas ansikte mer än en hunds. Inte ens en hund som annars är lugn och snäll går att lita på till hundra procent.

Hur roligt det än kan vara så brukar hundpsykologer avråda från slagsmål på skoj mellan hund och människa eftersom riskerna uppväger nöjet. Faktum är att hundbett kan orsaka svåra skador, och en hund som blivit så upphetsad att den bitit kanske måste avlivas.

På samma sätt älskar de flesta hundar dragkamp, som är lättare att kontrollera än brottning eftersom det inte förekommer närkontakt och det finns en ”tredje part” (leksaken) som kan plockas bort om leken skulle gå överstyr. Om din hund älskar dragkamp bör du ta befälet över leken, och när leken är slut tar du hand om leksaken och lägger undan den till nästa gång, i stället för att låta hunden bära iväg med den som ett pris.

SPRINGLEKAR

Se till så att du alltid är den som jagas när ni leker. De flesta hundar springer lätt ifrån sina ägare och du vill absolut inte jaga efter din hund vid andra tillfällen, när ni inte leker.

Du kanske har sett när hundar leker med varandra – både den som jagar och den som jagas har jättekul, så om din hund springer iväg från dig vänder du dig bara om och springer så fort du kan åt andra hållet. Skrik och tjoa när du springer iväg så att hunden förstår att den ska jaga dig. Ingen hund kan motstå en sådan utmaning.

Nedan: **Att älska springlekar sitter i ryggmärgen, det spelar ingen roll om hunden jagar eller jagas.**

EN HISTORIA

Lära sig leka

Nick hade hittat sin hund, en old english sheepdog som hette Lou, på ett hundhem. Personalen hade berättat att Lou var en avelstik som räddats från en valpfabrik. Hon hade varit mager och nervös men hade sakta men säkert fått bättre kondition. Väl hemma lade Nick märke till att Lou inte visade några av rasens typiska karaktärsdrag. Hon verkade inte veta hur man lekte, utan avvisade både bollar och pinnar och såg mest förbryllad ut när Nick viftade med leksaker framför henne.

Nicks veterinär gissade att Lou var understimulerad och föreslog, eftersom Lou gillade mat, att Nick skulle pröva att koppla ihop godis med lek. I stället för leksaker som skulle kastas eller jagas fyllde Nick olika sorters leksaker med godis som Lou försökte komma åt. När godis kom med i bilden märkte Nick att Lou verkade förstå meningen med försiktig lek, och medan hon var nöjd med att ”jaga godis” var Nick var glad att hunden fått tillbaka lite livsglädje.

Pinnar och bollar

De flesta hundar lockas av bollar och pinnar, vare sig de gillar att bära omkring på dem eller väntar andlöst på att man ska kasta iväg dem så att de kan hämta dem. Det är lätt att kasta något till en hund, men varför inte utvidga leken?

DUBBELAPPORTERING

Den här leken passar en hund som motvilligt brukar lämna ifrån sig pinnen eller bollen efter det att den hämtat den. Förse dig med en andra leksak och när hunden kommer tillbaka med första leksaken viftar du med andra framför hunden. Den kommer att släppa leksaken den har i munnen för att få leka med den andra, och du kan kasta iväg dem i tur och ordning. Om din hund tenderar att vakta saker som den gillar plockar du upp leksaken som hunden släppt och ger den till

KOMIHÅGLISTA
Kastlek

- Om hunden är atletisk köper man en bollkastare som kan kasta bollen längre.
- Tennisbollar passar bäst till att apportera eftersom de är slitstarka och har bra studs. Lätta skumbollar är bättre för valpar och gamla hundar.
- Om hunden föredrar att putta bollen framför sig i stället för att fånga den, kan man köpa koner och göra en slalombana som den kan försöka putta bolla igenom. Många hundar lär sig det snabbt om deras ägare visar först.
- När man kastar frisbee ska man inte kasta för hårt. Tänk på att hunden fångar frisbeen med tänderna och inte med tassarna!

Till vänster: **Det är få hundar som kan motstå bollekar, oavsett om det handlar om att kasta, jaga eller spela boll nos-mot-nos.**

VARNING

Är din hund besatt av pinnar? Om den är det kanske du ska fundera på att använda något annat i stället. För även om pinnar är en gammal klassisk "leksak" så orsakar de svåra skador varje år i samband med att de trasas sönder och flisor fastnar i hundens mun och hals. Men man behöver inte ta ifrån hunden det roliga. De finns massor av alternativ på marknaden – varför inte köpa en frisbee eller en gummipinne som piper i stället? Om man väljer en frisbee är en mjuk sådan, tillverkad i tyg, säkrast.

hunden. Det här förstärker idén om att hunden tjänar på att lämna ifrån sig saken nästa gång.

LEK PÅ MÄNNISKORS VIS

Hundar kan lära sig att tycka om alla sorters bollekar, så begränsa er inte till apportlekar. Fotboll, brännboll och volleyboll passar alla en bollgalen hund. Du märker snart vad just din hund gillar. Somliga hundar älskar att studsa en större boll med nosen, medan andra verkar ha en naturlig talang för att dribbla.

Samla ihop ett gäng spelare, en blandning av både hundar människor är roligast, och pröva på brännboll. Använd ett barnset med lätta slagträn i plast och en plastboll. Hundarna kommer antagligen inte att förstå reglerna, men om man kan få var och en av dem att springa med en tvåbent spelare så kommer matchen garanterat att bli rolig för alla inblandade.

Volleyboll kräver mer specialiserade kunskaper, men om din hund går på en boll med nosen först i stället för med munnen, kanske den kan lära sig det. Det behövs ett lågt nät och en latt boll. Börja med att leka med en (tvåbent) vän och se om hunden vill vara med. Om hunden är intresserad kan man uppmuntra den med tjoanden och skrik.

De här lekarna passar att leka hemma, men om hunden visar intresse och skicklighet kan man pröva på flyball. Det är en organiserad lek där hundarna ska hoppa över hinder på en bana, fram till en flyball-låda, trampa på en platta så att en tennisboll kastas upp, fånga bollen och sedan springa tillbaka över hindren igen. Det går snabbt och är spännande för de deltagande hundarna och inte minst utmärkt motion.

Till höger: **Om hunden älskar att hoppa och fånga saker kan en mjuk frisbee vara bättre för munnen och tänderna.**

Söklekar

Hundar älskar att spåra upp både människor och leksaker och man kan hitta på flera lekar som bygger på detta. En av de mest spännande aspekterna med söklekar är att se hur hunden hittar sitt byte enbart – åtminstone till synes – med hjälp av luktsinnet.

Vi är vana vid att använda ögonen för att hitta saker, och ibland kan hundar verka ta lång tid på sig för att upptäcka något som, från vår synvinkel, ligger rakt framför ögonen. Men om man gömmer något både för en människa och för en hund, kommer hunden i 90 procent av fallen att hitta föremålet först.

KURRAGÖMMA

Om man gömmer en person i stället för en sak kan även valpar vara med. Det här är en lek man kan använda för att träna hunden att hålla ett öga på dig när den går utan koppel. Det är nyttigt att inpränta idén i en valp att du inte alltid finns inom synhåll så fort den tittar efter dig. Det gör hunden mer villig att "kolla av" med dig när den är upptagen med något och det blir lättare för dig att kalla in hunden.

När ni är ute och valpen är upptagen på annat håll och undersöker omgivningarna ska du snabbt gömma dig bakom ett träd eller en buske. Håll utkik från gömstället och när valpen tittar upp och märker att du inte är där visslar du eller kallar på den. Valpen kommer snart att upptäcka dig och när den gör det gör du stort positivt väsen av det. När valpen blir äldre kan man

Till vänster: **Kurragömma kan vara en bra lek för en hund. Om barnen är med och leker måste man se till att de inte kommer för nära hundens ansikte, eftersom hunden kan se det som ett hot.**

utveckla leken genom att gömma sig på svårare ställen och genom att hålla tyst medan valpen letar efter dig. Bli alltid översvallande glad när hunden hittar dig, precis som du berömmer den när den kommer vid inkallning. Att hitta dig ska vara det roligaste med hela leken.

Om hunden gillar att leka kurragömma kan du hitta på varianter av leken tillsammans med dina vänner. Är ni några stycken som är ute och går i skogen kan en i sällskapet distrahera hunden medan de andra springer iväg och gömmer sig. Det blir en rolig lek för hunden att försöka hitta er, en efter en. Den här leken kan man även leka inomhus en regnig dag med en uttråkad hund som behöver aktiveras. Låt de andra familjemedlemmarna gömma sig på olika platser i hemmet och sedan får hunden leta efter dem.

Om din hund älskar pipleksaker kan du beväpna deltagarna med olika leksaker som de får klämma på i sina gömställen. Det kommer garanterat att göra leken mer intensiv, på gränsen till hysterisk. Man kan använda den här leken för att lära ut kommandot ”sök”. Om man säger det i samma ögonblick man släpper iväg hunden kommer den snart att förstå vad det betyder.

LETA EFTER FÖREMÅL

Vad gillar din hund mest? Om den tycker om att upptäcka saker kan du gömma favoritleksaken, kanske en boll, under en av två eller tre uppochnervända lådor när hunden inte är i närheten, och sedan hämta hunden och säga: ”Var är bollen?”

Ovan: **I stället för att låta hunden gå lös på hela trädgården kan man ge den en särskild plats som den får gräva på.**

Om hunden inte verkar förstå börjar du själv leta efter bollen under möblerna, bakom kuddarna i soffan, i skåpen, tills du till slut hittar gömstället och upptäcker bollen under stort ståhej. Upprepa övningen några gånger, till sist kommer hunden att ivrigt börja söka igenom rummet.

Om din hund älskar att gräva och du vill skämma bort den kan du ge den en egen sandlåda, precis som en för barn. Då kan hunden inte bara gräva säkert (bättre än i rabatterna eller under staketet) utan du kan också gräva ner leksaker i den och uppmuntra hunden att gräva upp dem.

Agilitybana hemma

Om man har en smart hund som kräver mycket motion och mental stimulering för att hålla hjärnan igång – och det här kan gälla för alla raser eller hundtyper – kan man vara ägare till en naturbegåvning inom agility.

De flesta hundentusiaster har någon gång sett en professionell agility-tävling. I dess enklaste form ingår en rad aktiviteter, som att hoppa över hinder, balansera på en bom och gå igenom tunnlar. Professionella agilityhundar tävlar mot klockan, men man kan själv lätt göra en enkel agilitybana i trädgården och låta hunden pröva på. Några agilityövningar är mer krävande än andra och alla passar inte alla hundar. Glädjen med ”hemma-agility” är att man kan anpassa banan och skapa något som passar ens hund styrkemässigt och med hinder som den gillar.

Till vänster: **Hunddans eller freestyle till musik är en av de mer nyare former av träning för hunden och ägaren. Om du och din hund redan gillar agility och vill variera er kan kanske en danskurs vara något för er.**

TRÄNA AGILITY

En hund som gillar att leka behärskar antagligen redan några agilitymoment. Men på grund av sportens idrottsliga natur måste man vara säker på att hunden är i god kondition innan man börjar träna den officiellt. Tänk också på att de hinder du sätter upp för att hunden ska hoppa över dem inte får vara för höga.

En del hinder passar inte för hemmabruk, försök till exempel aldrig att få din hund att gå på en gungbräda (de man ser på tävlingar är specialtillverkade). De flesta tränare rekommenderar att en hund inte bör pröva på agilityhinder förrän den är ett år, eftersom det kan vara påfrestande för växande ben och muskler.

Om man vill bygga sin egen agilitybana och har tillräckligt med plats för fyra eller fem hinder, kan man anlägga en minibana i trädgården. Om man inte har tillräckligt med plats kan man låna en väns trädgård eller ta med några hundkompisar och sätta upp hindren på en äng eller liknande där de kan träna tillsammans.

En agilitybana kan bestå av två eller tre hopphinder, några slalompinnar, en avgränsad ruta eller ett bord där man ber hunden ligga kvar en kort stund, en tunnel och kanske en låg balansbom. Arrangera hindren med lagom avstånd mellan varje och gå sedan banan med hunden. Låt den pröva på hopphindren, att gå slalom, ta sig igenom tunneln, ligga kvar på bordet eller i rutan, gå på balansbommen och avsluta med ett sista hopp. När ni gått runt banan några gånger – med massor med beröm och favoritgodis vid de svårare partierna – och hunden börjar förstå vad det handlar om, kan du springa banan med hunden.

När hunden börjar fatta galoppen kan du börja ta tid eller, om hunden gillar sällskap, bjuda över några vänner med hundar så att de fyrbenta kompisarna kan tävla mot varandra.

Om hunden verkar gilla agility kan du kolla upp möjligheterna att träna hunden på en mer krävande bana (se sidorna 146–147).

Ovan: **Agility kan tillfredsställa de flesta rasers behov av både fysisk och mental stimulering.**

KOMIHÅGLISTA
Improviserade hinder för trädgårdsagility

- **HOPPHINDER:** I början ska de vara mycket låga – inte högre än 10 cm. När hunden blir mer van kan du höja dem, men aldrig över hundens skulderhöjd. Använd trä- eller plaststavar som lätt slås ner om hunden missar hindret. Balansera stavarna på koner eller lådor i var sida.
- **SLALOMPINNAR:** Man kan använda små plastkoner som slalompinnar och ställa ut på rad.
- **SÄCKTUNNEL:** En tunnel av nylon, med en stabil och rund ingång, finns att köpa i djuraffärer.
- **BORD:** Ett lite lågt utomhusbord eller en fyrkantig träskiva fungerar bra.

Professionell agility

Agility är en av de populäraste tävlingssporterna för hundar. Agilitykurser och tävlingar organiseras och leds av många lokala klubbar och de duktigaste hundarna kan till och med tävla på riksnivå.

Agility är ett test både på hundens förmåga att klara av en bana utan fel och inom en viss tid och på samarbetet mellan ägaren och hunden, eftersom ägaren guidar hunden till framgång.

EN NATURBEGÅVNING?

Om din hund har lätt för att lära sig, snabbt fattar nya lekar och gillar att framträda inför publik kan du anmäla hunden till en agilitykurs och se om det är något som passar den.

Storleken har ingen betydelse. Hundar som tävlar delas in i tre olika storleksklasser: small, medium och large. Hindren på banan anpassas i höjd och bredd efter vilken storleksklass som tävlar.

Alla hundar som är friska och över 12 månader kan träna och alla hundar över 18 månader får vara med och tävla.

SPRINGA BANAN

Om man bestämmer sig för att börja med agility på allvar är det viktigt att man lär sig springa banan med precision. Hunden ska inte bara lära sig att ta sig över, under och genom olika hinder så fort som möjligt, den ska dessutom lära sig att göra detta på ett korrekt sätt. På A-hindret, gungbrädan och balansbommen finns det kontaktfält som hunden måste vidröra med tassarna. Eftersom hunden måste tänka sig

Till vänster:

Agility prövar hundens kondition och dess tankeförmåga. På tävlingsnivå är det de hundar som gillar ståhej och uppmärksamhet som är stjärnorna.

KOMIHÅGLISTA
Hinder i agility

Banorna kan bestå av ett varierat antal hinder som kan se ut på olika sätt. En professionell agilitybana kan bestå av följande:

- **HOPPHINDER:** Finns i olika varianter, bland annat vanliga enkla hinder, hinder med dubbla ribbor (oxer), en serie låga hinder som hunden måste klara i ett enda hopp (långhopp), viadukt/mur och ett hängande däck som hunden ska hoppa igenom.
- **BORD ELLER RUTA:** Den tävlande hunden ska ligga eller stanna en kort stund på bordet eller i rutan utan att röra sig medan domaren tar tid.
- **TUNNLAR:** De kan antingen vara runda och stabila, som ett rör, eller platta och hopfällbara (säcken) med en stabil öppning och en platt del som hunden ska ta sig igenom.
- **SLALOMPINNAR:** Pinnar på rad som hunden ska sicksacka sig igenom.
- **A-HINDER:** Ett brant, A-format hinder som hunden ska klättra upp och ner på, dessutom måste hunden vidröra kontaktfält i början och slutet av hindret, så den får inte hoppa rakt ner från högsta punkten.
- **GUNGBRÄDA:** Brädan måste vara stabil vid tävlingar. Hunden ska gå upp på brädan, få den att tippa och gå ner på andra sidan.
- **BALANSBOM:** Den ska vara stabil med stegpinnar på upp- och nedfarten.

runt agiltybanan är det många hundar som tycker att det är tröttsamt. Men om du är ägare till en hund som du aldrig lyckas trötta ut, oavsett hur långa promenader ni går, så kan agility vara lösningen.

Till vänster: **Inte alla hundar (inte ens de smarta) passar för agility. Somliga tycker att oljudet och uppmärksamheten blir för mycket. Även om din hund är vältränad ska du inte tvinga den att delta om den inte verkar gilla det. Den kanske föredrar lite lagom bollkastning i parken.**

Möjliga problem vid lek

Förutom det faktum att du tröttnar fortare på leken än vad hunden gör så finns det några problem som kan uppstå när man leker. Ta hand om varje problem på ett lugnt och bestämt sätt – tänk på att det är du som bestämmer dagordningen.

Om hunden är extremt reaktiv kan den bli för exalterad när den leker och bli våldsam. Eller så kan hunden börja vakta sina leksaker på ett överdrivet sätt i stället för att villigt dela med sig och låta dig ta dem. Det finns också hundar som är avslappnade och tycker det är kul att leka med människor men som tar lek med andra hundar på blodigt allvar, så att det som började som en lek snabbt övergår till slagsmål.

Nedan: **En hund som vägrar att dela med sig kan tycka att det går bra att "byta" leksaker i stället för att bara ge ifrån sig sin leksak.**

KOMIHÅGLISTA
Lekregler

- Lägg undan leksakerna mellan lekstunderna, förutom dem som hunden alltid leker med själv.
- Om hunden leker för hårt ber du den att sitta och väntar tills den lugnat ner sig innan ni börjar leka igen. Om hunden fortsätter att vara för hård går du därifrån. Gör inget väsen av det, bara gå.
- Använd rösten för att kontrollera leken. Använd ett högt tonläge för att driva på och ett lägre för att lugna ner.
- Låt inte hunden bli för fokuserad på en enda leksak. Erbjud olika leksaker och växla mellan dem när ni leker.
- Dra inga gränser mellan träning och lek. Din hund lär sig bäst om du lägger in korta träningspass i lekstunderna.

Ovan: **Somliga hundar har lättare för att koncentrera sig än andra. Apportlekar som får hunden att tänka hjälper den att fokusera.**

BESTÄMMA REGLER

Många hundar leker hela livet utan problem. Men det finns många hundar som gillar att leka så mycket att de tappar kontrollen. Sätt upp lekregler för din hund (se listan här till vänster). Iaktta även hur hunden leker med andra hundar så att du lär dig tolka dess kroppsspråk. Du måste kunna känna igen signalerna som säger att det håller på att gå för långt, vare sig det är en tass på lekkamratens rygg eller om hunden plötsligt spänner sig.

Om hunden inte följer lekreglerna vänder du dess uppmärksamhet åt ett annat håll. Om hunden leker med dig får du den att ta timeout. Om den leker med en annan hund kallar du på båda hundarna och påminner dem om att du bestämmer och därefter försöker du få dem att leka på ett mer lämpligt sätt.

EN HISTORIA

Besatt av att leka

Cara använde en bollkastare för att försäkra sig om att hennes fyra år gamla border collie Lady fick mycket motion när de var ute tillsammans. Efter ett tag blev Lady mer och mer besatt av bollen. Hon ville inte ens promenera om inte Cara kastade iväg bollen hela tiden och hon ylade om Cara försökte lägga undan den. Cara blev till sist tvungen att rådfråga en hundtränare.

Tränaren ansåg att lösningen vara att starkt begränsa Ladys bollek. Han rådde Cara att inte lämna några bollar framme när de var hemma och inte låta Lady få någon boll förutom som en belöning eller betalning för andra aktiviteter. Han föreslog att Cara skulle ägna fem minuter åt bollkastning på deras dagliga promenader men i övrigt skulle hon introducera andra leksaker för att distrahera Lady.

Tränarens plan fungerade, även om det tog några månader att förändra Lady beteende. Cara fick rådet att variera lekarna och leksakerna så mycket som möjligt för att undvika att Ladys besatthet fördes över på någon annan favoritleksak.

Uppträda inför publik

Många hundar älskar att "visa upp sig" och att uppträda inför publik. Om du äger en exhibitionistisk hund kan du, i stället för att låta hunden bestämma hur den ska få uppmärksamhet, lära den några konster.

SPELA DÖD

Det här kan ta tid för hunden att lära sig, men det är fysiskt enkelt till och med för en hund som är kraftig eller gammal och stel. Det man vill uppnå är att hunden ska ligga helt stilla på sidan. Men innan du kan visa hunden att "spela död" måste du först lära den att "rulla runt". När hunden kan det och gör det rätt varje gång kan du gå vidare till att "spela död".

För att lära hunden "rulla runt" börjar man med att få hunden att lägga sig. Så fort hunden ligger ner tar man lite godis i handen och gör en cirkelrörelse runt hundens huvud, så att den tittar upp och sedan ner igen. När hunden vänder på huvudet för att följa godisbiten ska kroppen följa med och rulla runt. Det krävs lite övning för att få det rätt, även om rullning ingår i hundens naturliga repertoar. Så fort hunden förstår vad det är du vill att den ska göra kommer den glatt att göra det. Belöna bara hunden när den lyckas rulla runt.

Öva rullningar i en vecka eller två innan du går vidare till "spela död". För att få hunden att spela död säger du åt den att rulla runt, men precis när den kommit halvvägs och ligger på sidan säger du "vänta". När hunden stannar upp säger du "spela död". Öva det här några gånger. När hunden lärt sig spela död ordentligt ska du kunna ta bort "vänta" och gå direkt till "spela död" utan pauser.

Nedan: **Tricket går ut på att hunden ska "spela död", det vill säga inte rulla runt helt på rygg utan förbli liggandes på sidan.**

HÄMTA MIN MOBIL!

En hund som gillar apportlekar kan mycket väl lära sig att hämta ett speciellt föremål utan större problem.

Det här är en konst som är lättast att lära ut med hjälp av en klicker (se sidorna 136–137), så att man exakt kan tajma det ögonblick hunden gör rätt. Lägg det föremål som hunden vanligen apporterar när ni leker på golvet, tillsammans med din mobil (den ska ligga i ett mjukt fodral, annars blir det svårt för hunden plocka upp den, och du vill inte ha den full med dregel).

Börja med att säga "Hämta bollen!" Hunden kommer antagligen att plocka upp leksaken den brukar leka med. Klicka när hunden gör det. När hunden identifierat sin boll några gånger säger du: "Hämta mobilen!" En smart hund räknar snabbt ut att det är det enda andra föremålet där, men om den inte får det rätt efter att ha försökt några gånger kan du ställa dig på knä och försiktigt lägga mobilen i hundens mun medan du ger kommandot. Och när hunden har mobilen i munnen klickar du. Öva dagligen tills

Ovan: **"Hämta mobilen" är ett utmärkt partytrick och även användbart för en lat ägare.**

hunden kan identifiera både bollen och mobilen varje gång. Sedan ställer du dig en bit bort innan du säger "hämta" och hunden hämtar mobilen och ger den till dig.

Sedan kan ni båda luta er tillbaka och njuta av applåderna.

INSTINKT **Ögon och öron**

Hundar är inställda på att agera lika mycket (eller mer) på det de ser som på det de hör. Kom ihåg att ord inte har någon inneboende betydelse för dem. Om man lär dem konster ska ens kroppsspråk stämma överens med det man säger. Om man använder händerna för att förstärka instruktionerna måste man försäkra sig om att signalerna är tydliga och skiljer sig åt från varandra. Om kroppen säger något annat än den muntliga instruktionen kan man inte förvänta sig att hunden ska förstå vilken instruktion den ska agera på.

En frisk hund

Rätt diet, regelbunden lek och motion är det som bygger upp din hunds goda hälsa, men det är inte hela sanningen. Det här kapitlet tar upp vad man mer behöver veta för att ta hand om sin hund, från hur man får bukt med parasiter och klipper klorna på ett säkert sätt, till hur man väljer försäkring och utför dagliga hälsokontroller. Kapitlet går igenom hemvård och rutiner hos veterinären, samt tar upp de alternativa behandlingsformer som nu för tiden finns att tillgå för så väl hundar som människor.

Som en del av en översikt om hundens välbefinnande från valp till gammal hund så tar det sista kapitlet även upp hur man klarar av olyckor och sjukdomar. Vi tar upp vad det innebär att ta hand om en mycket gammal eller sjuk hund, hur man bestämmer när det är dags att ta farväl, sorgeprocessen som alla som förlorar ett älskat husdjur måste gå igenom och hur man går vidare efter att ha förlorat en vän.

Hålla hunden frisk

Om du haft hund tidigare vet du hur du ska hålla din nya hund frisk. Om det är din första hund – och framför allt om det är en hittehund – kanske du oroar dig mer än du trodde du skulle göra för hundens dagliga hälsa.

LÄR KÄNNA DIN HUND

Det kan låta självklart, men hundar skiljer sig åt lika mycket som människor, och vad som är normalt för en hund kan vara ett problem för en annan. Om det är din första hund kanske du oroar dig för det grundläggande: hur mycket vatten ”ska” en hund dricka varje dag? Hur trött ”ska” en hund vara efter en långpromenad? Svaret är, naturligtvis, att det beror på hunden. Det enda sättet att få reda på vad som är rätt för just din hund är att iaktta den under en tid och observera vad som verkar passa den bäst.

Lär dig att läsa din hund och att lita på ditt omdöme, så kommer du att bli den första att märka om något är fel. Passivitet är det mest universella tecknet på att något är fel, och även om din hund är tyst och blyg av naturen så behöver du inte vara expert för att märka det. Plötsliga förändringar i beteendet kan också vara ett tecken på att det är något fysiskt fel. Om Rex som alltid tyckt om att bli omhändertagen plötsligt börjar morra när du borstar tassarna är det troligtvis inte så att hunden blivit aggressiv utan att det är något fel på tassarna.

NÄR SKA MAN GÅ TILL VETERINÄREN?

Det är dyrt att gå till veterinären, vilket gör att många hundägare tvekar att gå dit utom i verkliga

Till vänster: **Våt nos? Blank päls? Klara pigga ögon? Om din hund ser frisk ut är chansen stor att den är det.**

Till höger: **Om en hund som vanligtvis är pigg och glad plötsligt vill vila hela tiden och verkar bli fortare trött, då är något fel.**

nödfall. Även om det inte är förnuftigt att gå till veterinären för minsta lilla småsak är det inte heller bra att vänta för länge om något är uppenbart fel med hunden. Om hunden till exempel kräks en eller två gånger kan man hoppa över en måltid och försöka ge den mat senare. Men om hunden kräks ihållande och har diarré kan den bli utröttad och uttorkad inom bara några dagar utan vård. Med en valp eller en äldre hund med sviktande hälsa eller kända hälsoproblem är det bättre att ta det säkra för det osäkra.

Framför allt valpar kan snabbt bli mycket sjuka (och kan, med rätt behandling, ofta tillfriskna lika snabbt), så för att vara på den säkra sidan bör man kontakta en veterinär inom 24 timmar om valpen bevisligen är sjuk.

INSTINKT **Gömma sig**

När en hund är skadad eller inte mår bra gör den som vilket annat vilt djur som helst skulle göra – den försöker gömma sig. Det betyder att hunden inte vill lämna sin korg eller bur och i mer extrema fall gömmer sig bakom eller under en soffa eller en annan möbel – någonstans där det är lugnt och mörkt. Om din hund gömmer sig i ett hörn ska du aldrig försöka dra fram den med våld för då blir du antagligen biten. I stället ska du tålmodigt försöka lirka fram hunden och undersöka hunden för att se om du ser några tydliga fel på hunden. Om du inte hittar några fel och hunden fortfarande inte mår bra kan du lägga dit några extra kuddar och filtar i korgen eller buren så att hunden kan boa in sig (sjuka hundar kan känna sig säkrare då). Om hunden inte blir bättre inom ett dygn tar du den till veterinären.

Välja veterinär

I kapitel tre (se sidorna 92–93) togs det upp hur betydelsefullt det är att hitta rätt veterinär till din hund. Och ju äldre hunden blir, desto viktigare blir det att ha en veterinär som man känner förtroende för.

För en ung frisk hund brukar veterinärbesöken kanske inskränka sig till en gång om året, men ju äldre hunden blir, desto fler hälsoproblem och besöken hos veterinären kommer att bli fler.

Veterinärvård är dyrt, så välj veterinär med omsorg och glöm inte att det är du som är kund och har rätt att ställa frågor innan du bestämmer dig. Det bästa är att prata med vänner och andra hundägare och höra vem de rekommenderar, men tänk på att den veterinär som passar en vän eller en kollega kanske inte är rätt för dig och din hund, så kolla upp veterinärmottagningen innan du bestämmer dig.

Bra veterinärer har en bra relation till djuren, förutom att de är duktiga på att ta hand om dem. Titta på hur veterinären behandlar din hund. En bra veterinär är varsam och självsäker och kan lugna en blyg eller nervös hund. Om du är intresserad av alternativa behandlingar eller mediciner frågar du veterinären vad han eller hon har för åsikter om det.

Det finns ett fåtal veterinärkliniker som erbjuder alternativa behandlingsmetoder, men de är sällsynta. Många veterinärer kan hänvisa dig till kirorpraktorer, homeopater och andra som praktiserar alternativ eller holistisk medicin om du frågar.

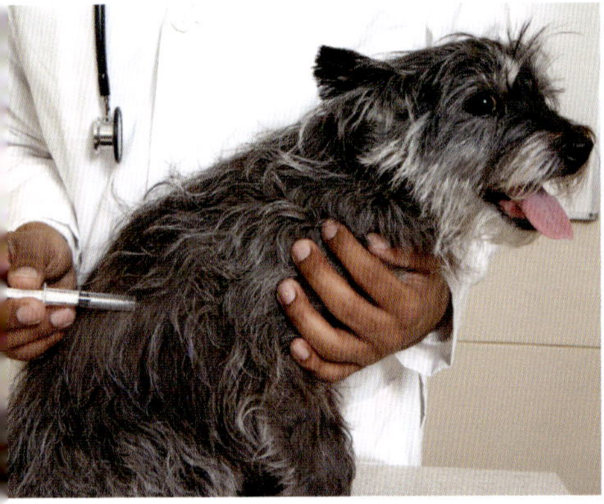

Till vänster: **Precis som människor tenderar hundar att gå till doktorn oftare när de blir äldre. När din hund blir gammal är det viktigare än någonsin att du har förtroende för veterinären.**

KOMIHÅGLISTA

Vad man kan titta på hos en veterinärpraktik

- Väntrummet och de andra utrymmena ska vara rena och välskötta.
- Både receptionisterna och veterinärerna ska vara vänliga, tillgängliga och kunna svara på frågor.
- Hur många veterinärer jobbar på mottagningen? Vem hoppar in om "din" veterinär är borta?
- Kontrollera att veterinären har den utbildning som krävs. I Sverige krävs 5,5 års utbildning för att man ska kunna avlägga veterinärexamen. Efter godkänd utbildning utfärdar Jordbruksverket legitimation.
- Vad är det för mottagningstider? Får man komma samma dag man ringer?
- Hur fungerar det vid akutfall eller inbokade operationer?
- Vilken personal finns på mottagningen under natten? Många veterinärmottagningar har bara öppet dagtid. Vid akutfall och svårare operationer kan man behöva kontakta ett djursjukhus som har öppet dygnet runt.

Ovan: **En bra veterinär bör kunna skapa en nära relation till din hund och kunna ta hand om en rädd hund på ett bra och lugnt sätt.**

DJURFÖRSÄKRING

Djurförsäkringar kan vara ett lotteri. Om man har adopterat en äldre hund eller en med kända hälsoproblem kan försakringspremierna vara extremt dyra, eller så täcker inte försäkringen de fel hunden har. Om man har en ung och frisk hund, å andra sidan, kan en försäkring som täcker de flesta oförutsedda händelser vara prisvärd. Och det är bra att veta att om hunden behöver en akut operation eller är med om en olycka så brukar försäkringen i regel täcka det.

Diskutera fördelar och nackdelar med olika typer av försäkringar med din veterinär och fråga vad specifika behandlingar kostar, till exempel om din hund behöver opereras, innan du bestämmer dig för om vilken försäkring du ska välja.

Valpen hos veterinären

Det är två viktiga saker som kanske kommer att tas upp första gången du tar din valp till veterinären (se sidorna 92–93). Den första handlar om vaccination och den andra handlar om huruvida valpen ska kastreras eller inte.

Valpen föds med någon form av immunförsvar mot vissa sjukdomar och detta förstärks sedan av att valpen diar den näringsrika mjölk som mamman producerar de första dagarna i valpens liv.

Medan immunförsvaret som kom med modersmjölken är intakt så måste det skydd valpen får via injektioner byggas på i flera steg innan det skyddar ordentligt, eftersom det naturliga immunförsvaret gradvis försämras.

Många av de sjukdomar som vaccination skyddar mot är dödliga. Parvovirus, HCC och valpsjuka är alla mycket allvarliga och kan vara dödliga för valpen, och även för en äldre hund ibland.

Leptospiros (sällsynt i Sverige) och kennelhosta är andra sjukdomar som man kan vaccinera mot, samt rabies, som man måste vaccinera mot ifall man vill ta med sin hund på utlandsresa.

Den grundvaccinering som valpen får vid sju veckors ålder mot valpsjuka, parvovirus och HCC är inte tre olika sprutor utan ett trippelvaccin, som ges i en enda spruta.

När hunden är tolv månader gammal ska den ha fått sina tre första vaccinationer: de första vid sju respektive tolv veckors ålder. Efter det får smittläget och om hunden har mycket kontakt med andra hundar avgöra om det finns behov av ytterligare vaccinationer.

Om hunden ska delta i tävlingar får vaccinationsskyddet mot valpsjuka inte vara äldre än fyra år, och om den ska vara på hunddagis eller liknande bör den även vaccineras mot kennelhosta.

Till höger: **Valpar är särskilt mottagliga för vissa sjukdomar, därför är det viktigt att hålla koll på deras vaccinationsschema.**

KASTRERA HUNDEN

Kastrering är det ingrepp som kommer att göra din hund steril. När man kastrerar en hanhund tar man bort testiklarna, på en tik är det en större operation som innebär att man tar bort äggstockar och livmoder. Både ingreppen är omgärdade av historier och myter som inte alla är sanna.

Det vanliga allmänna rådet brukar vara att om man inte ska avla på sin hund bör man kastrera den vid tidig ålder. Förr ansåg man att en tik skulle ha löpt en gång eller till och med ha fått en kull valpar innan man kastrerade henne. Idag brukar veterinären föreslå att man kastrerar båda könen vid sex månaders ålder.

Operationen innebär ofta att hunden får stanna över natten. Tillfrisknandet går fortare för hanhundar än för tikar som måste hållas lugna i en vecka eller så.

KOMIHÅGLISTA
Fördelar och nackdelar med kastrering

- Har man en tik slipper man löpperioden två gånger om året.
- När det gäller hanhundar anser en del att det minskar aggressivitet och benägenheten att slåss.
- Kastrerade hundar har en tendens att bli feta, men det kan man kontrollera genom att begränsa dieten och motionera mycket.
- Hos både hanhundar och tikar kan kastrering minska risken för vissa cancer-sjukdomar senare i livet, även om senare forskning visar på att det kan öka riskerna för andra hälsoproblem.

Olyckor och sjukdomar

Självklart är det bättre att förekomma och undvika olyckor och akutfall, men det är inte alltid möjligt. Här får du ett par råd angående planering samt några första-hjälpen-tips, så att du är så förberedd du kan bli ifall det värsta skulle hända.

Några av råden kan tyckas självklara, men du skulle bli förvånad om du visste hur ofta det begås misstag som leder till att hundar försvinner, skadas eller både och.

MIKROCHIPMÄRKNING

Om man mikrochipmärker sin hund ökar chanserna att man får tillbaka hunden om den skulle försvinna. De flesta veterinärer och andra utbildade id-märkare erbjuder märkning till en rimlig kostnad. För att hitta en bortsprungen hund ska man anmäla sig till DjurID.se, Svenska kennelklubbens ägarregister.

Proceduren är enkel: ett litet elektroniskt chip, mindre än ett riskorn, injiceras under huden på hunden, oftast mellan skulderbladen. Chippet innehåller ett nummer som registreras i ägarregistret. Om hunden kommer bort kan chippet läsas av med en skanner och spåras tillbaka till dig.

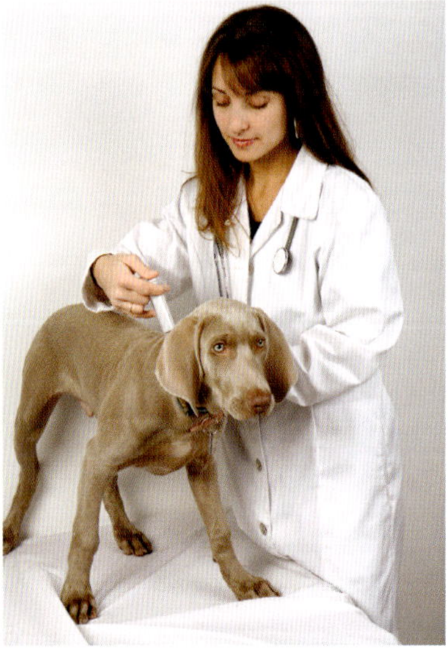

ORSAKER TILL OLYCKOR

De vanligaste olycksfallen bland hundar är att de blir påkörda av bilar eller drabbas av förgiftning, brännskador, magomvridning eller värmeslag. Chock kan uppstå av sig själv eller som en komplikation av något av ovanstående. Oavsett problemet är det första man ska

Till vänster: **Det går snabbt och är enkelt och smärtfritt att injicera ett mikrochip under huden på hunden. Och det är värt det om hunden springer lös mycket.**

kontrollera att hundens luftvägar är fria och att hunden andas. Man kan utföra hjärt–lungräddning på hundar, men om du inte är tränad att kunna utföra det på människor och van vid åtgärderna bör du koncentrera dig på att se till så att hunden får professionell vård så fort som möjligt.

Om du kan utföra hjärt–lungräddning ska du sätta något runt hundens mun och bara andas genom nosen, i stället för att utföra mun-mot-mun-andning som på en människa.

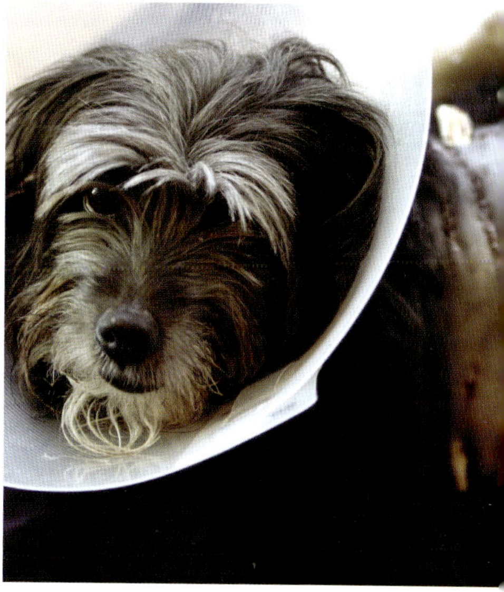

Till höger: **Det kan ta tid att tillfriskna. När hunden har svåra skador kanske den måste bära en "strut" för att den inte ska slicka i såren.**

KOMIHÅGLISTA
Bra säkerhetsåtgärder

- Kontrollera halsband och koppel med jämna mellanrum så att de inte är utslitna och på väg att gå av.
- Lämna inte hunden bunden alltför länge utanför en butik eller på en öppen plats. Hunden kan bli stulen även när du tror att du har uppsikt över den.
- Träna hunden att stanna i bilen tills du gett klartecken att den får hoppa ut. En hund som hoppar rakt ut i trafiken är en vanlig olycksorsak.
- Du kan träna hunden på samma sätt som ovan om du bor i ett hus med en trafikerad väg precis utanför, så att hunden lär sig att du alltid går ut först.
- Lägg in användbara telefonnummer i mobilen, till exempel till veterinärmottagningen, djursjukhuset och så vidare. Om du anlitar hundvakt måste du se till så att även hundvakten har alla nödvändiga telefonnummer.
- Se till så att du har ett förstahjälpen-kit hemma och ett i bilen. Du kan sätta ihop ett kit som är speciellt anpassat för hund, men de flesta kit som man köper för människor kan även användas till hundar.

KOMIHÅGLISTA
Efter en olycka

- Reagera snabbt, varje sekund räknas.
- Om hunden är vid medvetande, sätt på den en provisorisk munkorg innan du rör vid hunden. Om den har ont och är förvirrad kan den bita dig. Knyt en bit tyg löst runt nosen, under hakan och bakom öronen. Om hunden håller på att kvävas ber du någon hålla upp munnen medan du kontrollerar munnen och halsen för att plocka bort det som eventuellt blockerar. Dra fram tungan så att den inte kväver hunden när du sätter fast den provisoriska munkorgen.
- Om hunden blöder kraftigt tar du ett lämpligt tyg och trycker det försiktigt mot såret.
- Ring akutnumret till veterinären eller djursjukhuset för att förvarna att ni är på väg och beskriv vad som hänt.
- Lyft försiktigt in hunden i bilen. Om du kan ska du lägga hunden på en plan skiva. Om hunden har några tydliga benbrott eller skador ska du försöka hålla den delen av kroppen så stilla som möjligt.
- Det bästa är om det finns någon som kan sitta hos hunden medan ni kör till djursjukhuset.

FÖRGIFTNING

Symtomen på förgiftning varierar från våldsamma kräkningar och diarré till mycket snabb eller långsam andning, utvidgade pupiller och kramper. Om du inte är säker på vilket gift det rör sig om bör du inte försöka behandla hunden på egen hand. En frätande förgiftning ska till exempel inte kräkas upp, medan andra förgiftningar måste ut ur kroppen, vanligtvis med hjälp av kräkning, så fort som möjligt.

Om du vet vad som förgiftat hunden pratar du med veterinären först, men var beredd på att ta hunden till mottagningen så fort som möjligt.

CHOCK

Chock kan orsakas av allt från trauma eller förgiftning till kraftig blodförlust. Den är följden av en störning i hundens blodcirkulation, när blodet inte når kroppens organ börjar dess funktioner stängas av.

Symtom kan vara torr mun och torra läppar, blekt tandkött, kalla tassar och kall nos, synlig svaghet och snabba hjärtslag. Hunden kan verka förvirrad och orolig och kan i extrema fall förlora medvetandet.

Chock måste behandlas professionellt. Försök att hålla hunden lugn och prata med den med lugn och sansad röst. Se till att få hunden till veterinären så fort som möjligt.

BRÄNNSKADOR OCH VÄRMESLAG

Om brännskadan är liten och inte alltför allvarlig, kan man kyla ner den med kallt, men ej iskallt, vatten och sedan ha på en lindrande salva. En allvarligare brännskada måste behandlas av veterinär. Applicera inget direkt på skadan, men du kan stänka lite kallt (ej iskallt) vatten på den. Ha en ren handduk över skadan på väg till veterinären, men låt den inte vidröra såret.

Hundar är extra känsliga för värmeslag eftersom de inte svettas genom huden. Symtomen är snabbt flämtande, tjock saliv från munnen och mörkrött tandkött. Ta hunden till en sval plats så fort som möjligt. Låt den dricka kallt (ej iskallt) vatten och blöt några handdukar som du sveper runt huvudet och tassarna. Alltför snabb nedkylning kan orsaka att blodkärlen dras samman och göra problemen värre. Ta hunden till veterinären även om den verkar må bättre.

MAGOMVRIDNING

Magomvridning är ett allvarligt tillstånd som måste tas om hand och behandlas professionellt eftersom det kan ske snabbt och vara dödligt. Det uppstår när magen fylls med luft (vanligtvis efter en kraftig måltid) och magen vrider ihop sig. Tillståndet kan snabbt orsaka komplikationer eftersom blodtillförseln till hjärtat är begränsad och hunden kan drabbas av chock. En hund med magomvridning kan inte behandlas hemma utan måste tas till veterinären omgående.

Om du har en ras som har anlag för detta tillstånd (framför allt stora hundar med djupa bröstkorgar, som dobermann eller schäfer) har du säkert diskuterat det här med veterinären. Hundar med anlag för magomvridning ska inte motionera direkt efter måltiden.

Nedan: **Förutsatt att hunden kommer till veterinären och behandlas snabbt så tillfrisknar den förvånansvärt snabbt även från svåra sjukdomar.**

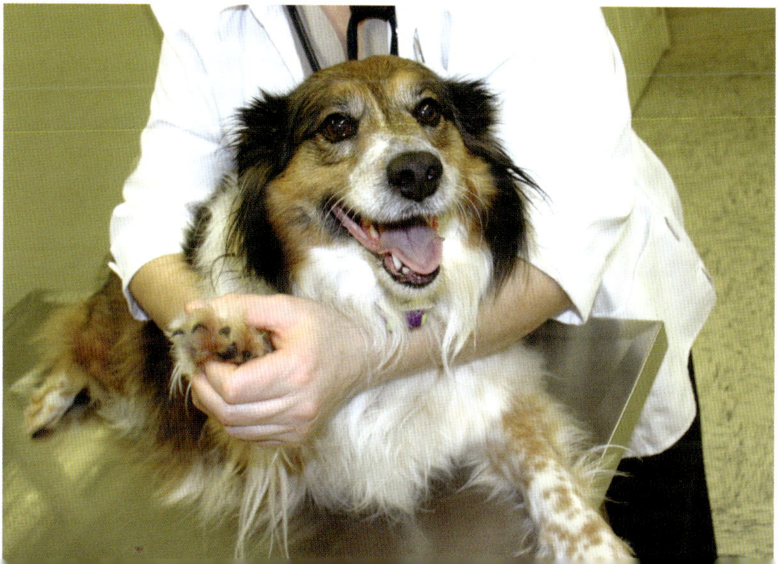

Vitaminer och kosttillskott

Frågan om huruvida det är nödvändigt eller ej att ge hunden extra vitaminer, mineraler eller andra kosttillskott är ett av de mest diskuterade ämnena hundägare emellan. Inte ens bland expertisen råder det enighet.

Många anser att en hund som får lämplig mängd nyttigt foder inte behöver kosttillskott. Det här öppnar i sig själv för argumentet att eftersom det inte råder några tvivel om att kommersiell hundmat berövas sina naturliga vitaminer och mineraler under tillverkningsprocessen så behövs någon form av tillskott enbart i de fall hunden får den sortens mat.

Andra anser att ett allsidigt kosttillskott kan vara nyttigt för alla hundar och att specialtillskott kan hjälpa till att lindra långvariga kroniska tillstånd. Svårigheten med det här argumentet är att hundars behov av vitaminer skiljer sig från människans behov av vitaminer (hundar ska inte äta kosttillskott som är för människor, för mycket D-vitamin kan till och med vara farligt för hundar, eftersom den dagliga dosen för en hund är mycket lägre än den för människan).

Kosttillskott för hundar säljs också utan några som helst kontroller, vilket betyder att hundägare helt enkelt måste lita på tillverkarna. Om du tror att din hund skulle må bra av kosttillskott ska du alltid rådfråga veterinären först innan du ger det till hunden. Håll dig också till kända varumärken, för säkerhets skull.

Till vänster: **Om hunden är ung, stark och får bästa möjliga mat behövs inga tillskott.**

BEHANDLA ARTRIT

Artrit, som är ett samlingsnamn för ledsjukdomar, är mycket vanligt hos äldre hundar och framför allt hos de större raserna. Ett av få kosttillskott som varit allmänt accepterat i närmare 20 år är en blandning av glukosamin och kondroitin som sägs lindra artrit.

Artrit kan orsakas av att brosket i lederna förstörs och det i sin tur kan orsaka stor smärta. Glukosamin och kondroitin finns naturligt i hundens kropp, men äldre hundar kan ha svårare att framställa den mängd glukosamin som behövs. Som tillskott hjälper glukosamin till med att uppmuntra kroppen att ersätta brosket (som kan göras naturligt) medan kondroitin motverkar att vissa enzymer som finns naturligt i kroppen bryter ner brosket i lederna.

Kosttillskottet kan i rätt mängd ge hunden mycket mer rörlighet på ålderns höst. Om du har en äldre hund som verkar stel, reser sig på ett konstigt sätt och rör sig som om den har ont, ska du fråga veterinären om hunden skulle må bättre av glukosamintillskott.

KOMIHÅGLISTA
Så ger man piller

- Lägg pillret där det är lätt att nå.
- Ropa på hunden och be den sitta bredvid dig.
- Lägg vänster hand på hundens nos och placera fingrar och tumme på var sida om överkäken. Kläm lite lätt medan du försiktigt drar upp hundens huvud. Munnen öppnas då lite.
- Agera snabbt. Ta pillret mellan pekfingret och tummen i höger hand, dra ner underkäken med ett ledigt finger och stoppa snabbt in pillret i munnen så långt bak som möjligt.
- Tryck ner överkäken försiktigt med vänster hand och tryck upp underkäken, försiktigt, med höger hand. Håll ner nosen tills hunden sväljer.

PILLER

Om veterinären har bekräftat att någon form av tillskott skulle vara bra för din hund måste du vara säker på att hunden får i sig dem. Det här gäller även piller i allmänhet.

En del hundar kan svälja piller så fort de blir ombedda att göra det, medan andra mer än gärna får i sig piller om det är kamouflerat i en liten bit kött eller annat godis. Men det finns även hundar som absolut inte vill, framför allt om pillret ska intas utan mat. Men om man håller sig lugn och bestämd kan man få hunden att ta pillret utan besvär (se komihåglistan ovan).

Ta hand om parasiter

De flesta hundar kommer någon gång i livet att drabbas av parasiter och en ansvarsfull ägare är alltid uppmärksam. Det bästa är om problemet upptäcks snabbt, innan det förvärras, men ännu bättre är om man försöker förebygga problemen.

YTTRE PARASITER

Om man borstar och kammar sin hund regelbundet upptäcker man snabbt tecken på parasiter. De vanligaste parasiterna är loppor och fästingar. När det gäller loppor är det enklare att förebygga än att bota. Regelbunden behandling, en gång i månaden, (antingen invärtes i pillerform eller i flytande form som droppas direkt på huden i hundens nacke) finns att köpa hos veterinären eller på apoteken och, om det används regelbundet, kan se till så att hunden aldrig får loppor.

Det är alltid bäst att rådfråga veterinären om bästa behandlingen, de råd man kan få i djuraffärer är inte alltid lika effektiva.

Om du misstänker att din hund har loppor (det mest uppenbara tecknet är att hunden kliar sig mycket) kammar du en tjock del av pälsen (bak i nacken eller precis ovanför svansen) över en fuktig kökshandduk. Loppavföring syns som små svarta prickar som blir röda när de blir fuktiga, så det är lätt att se. Om du måste behandla hunden mot loppor ska du även behandla hundens omgivning. Lopporna lever mesta tiden runt hunden snarare än på den, så tvätta kuddar, filtar och dynor, och spreja mattor och tygmöbler.

Fästingar tillhör spindelfamiljen och kan, förutom att de suger blod, sprida sjukdomar som borrelios, en allvarlig sjukdom som bland annat kan orsaka ledsjukdomar hos både hundar och människor. Fästingar är mycket små när de sätter sig på hundens hud, ofta mindre än en millimeter, men de sväller upp när de börjar suga blod och trillar av när de är mätta. Man upptäcker dem

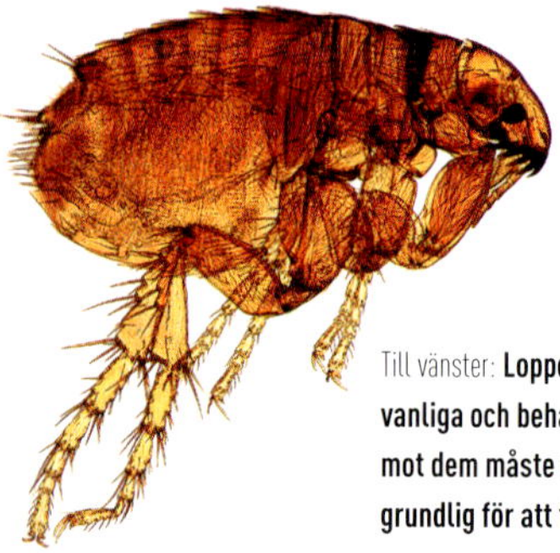

Till vänster: **Loppor är vanliga och behandlingen mot dem måste vara grundlig för att fungera.**

Till vänster: **Yttre parasiter kan elimineras med regelbundna bad och behandlingar av huden.**

innan dess, eftersom en blodfylld fästing kan bli lika stor som en ärta och märks tydligt när man känner igenom hundens päls. Om hunden ofta springer i högt gräs och tät undervegetation ska man kolla efter fästingar varje dag, inklusive undanskymda ställen som mellan tårna och under svansen.

En del loppmedel fungerar även på fästingar, fråga veterinären om dessa ifall du ofta hittar fästingar på hunden. Fästingar ska tas bort försiktigt med smala pincetter. Dra hårt men långsamt tills fästingen släpper och sätt sedan på lite antiseptisk kräm. Om man bara får bort en del av fästingen och en del blir kvar i huden kan det orsaka infektioner.

Det är inte lika vanligt, men hundar kan även drabbas av kvalster. Det finns olika typer av de här små insekterna – som också tillhör spindelfamiljen – och de kan ge hunden skabb. De är mindre vanliga än loppor och fästingar och orsakar bland annat kraftig klåda som kan diagnostiseras och behandlas av veterinären. En mer specifik och vanlig typ av kvalster kan infektera hundens öron (se sidorna 168–169).

INVÄRTES PARASITER

Hundar kan även drabbas av invärtes angrepp av mask, vanligtvis via maten eller bara genom att ha nosat och rotat runt bland något som innehåller levande larver. En del maskar är farligare för hunden än andra, och även om det är svårt att förebygga så är det enkelt att behandla. Svåra maskinfektioner kan orsaka oroliga magar och nedsatt kondition.

Behandling av mask måste göras regelbundet (vanligtvis månadsvis för hundar) eftersom det inte finns någon långvarig lösning.

Den vanligaste invärtes parasiten är spolmask. Valpar föds vanligtvis med dem (de kan röra sig mellan valpen och mamman). Om valpen får rätt vård och foder minskar problemet ju äldre valpen blir, men en del veterinärer anser att valpar ska avmaskas från två eller tre veckors ålder i alla fall.

Bandmask är en annan risk, framför allt om hunden haft problem med loppor. Hos en del typer av bandmask transporteras äggen av loppor och många hundar kan få i sig dem. Men alla former av mask kan behandlas med rätt diagnos.

Daglig skötsel

Veterinären tar hand om det mesta när det gäller hundens vård. Men det finns även några grundläggande kontroller som man kan göra hemma för att upptäcka eventuella problem så tidigt som möjligt.

Gör det till en vana att undersöka din hund regelbundet, då blir det lättare för dig att upptäcka förändringar hos hunden som kan orsaka hälsoproblem – knölar och bulor som inte funnits där tidigare, dålig andedräkt, skrubbsår och skärsår på tassarna och trampdynorna, för att bara nämna några. Ju mer van hunden blir att du tar i den, desto lättare blir det för dig att undersöka den.

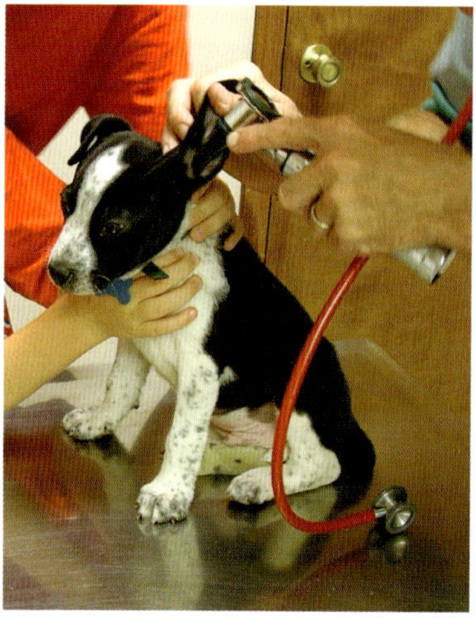

TANDVÅRD

Det bästa är om man borstar hundens tänder varje dag, precis som man gör med sina egna. Det är inte alltid möjligt att vänja en äldre hund vid det (och det är ingen bra idé att pröva på en nervös hund från hundhemmet), men om du har en valp eller en välvillig vuxen hund är det en god vana man bör försöka införa. Det hjälper inte bara mot tandköttssjukdomar och dyra tandstensbehandlingar utan det gör dig mer bekant med hundens mun och det blir lättare att upptäcka problem senare i livet.

Det finns många olika typer av tandborstar på marknaden inklusive el-tandborstar, men den vanligaste typen är den man sätter på fingret, vilket gör det lättare att komma åt överallt i munnen. Använd tandkräm för hundar, den för människor är olämplig för hundar, välj en med kött- eller kycklingsmak så går det kanske lättare att få borsta. Börja

Till vänster: **Flytningar i öronen ska diagnostiseras och behandlas av veterinär.**

med att gnida lite tandkräm på hundens tandkött. När hunden slickar av den och gillar smaken märker du snart att det går lättare att borsta tänderna. Glöm inte tänderna längst bak!

Om du inte kan borsta hundens tänder bör du åtminstone försäkra dig om att hunden får tugga ordentligt, antingen på leksaker i hårt gummi eller på tuggben. Det hjälper till att hålla tandstenen borta.

ÖRONVÅRD

Att undersöka hundens öron är enkelt. Det är bara att titta i dem i bra ljus, och lyfta på dem om hunden har hängande öron. Örat ska vara rosa och rent utan flytningar. Om det är fyllt med mörkare öronvax eller flytningar kan det ha flera orsaker: öronskabb, gräsfrön som fastnat, eller en okänd infektion. Du bör ta hunden till veterinären som kan undersöka öronen mer noggrant och ge behandling. Kolla hundens öron varje gång du tar hand om pälsen så att du upptäcker eventuella problem tidigt. Peta aldrig i öronen, utan titta bara i dem.

VARNING

Det är lätt att man klipper i pulpan av misstag, och om man gör det blöder det ymnigt. Ha lite blodstillande puder till hands (finns på apotek eller hos veterinären) och pudra lite på klon om det skulle börja blöda. Medlet är antibakteriellt och stoppar blödningen.

Ovan: **Att klippa klorna är nödvändigt om de sticker långt ut från tassen.**

KLOKLIPPNING

Precis som med tandborstning kan man klippa klorna hemma om hunden är van vid att man tar i den. Om hunden ofta går på hårda ytor behöver klorna kanske aldrig klippas. Men för de hundar som springer på mjukare underlag är regelbunden kloklippning nödvändigt. Om klorna sticker långt ut och vidrör marken innan trampdynorna behöver de klippas.

För att klippa klorna håller man tassen försiktigt men bestämt med ena handen och klipper tvärs över alla klor med den andra. Använd en klotång avsedd för ändamålet. Om hunden har ljusa klor syns pulpan som ett mörkt band inuti klon och man ska klippa strax utanför den. Om hunden har mörka klor ser man inte pulpan, då får man vara försiktig för att inte klippa för nära.

Alternativa behandlingar

Intresset för alternativa eller holistiska behandlingsformer, till exempel akupunktur eller örtmedicin, har ökat de senaste åren. Nu för tiden finns många av de här behandlingsformerna även som alternativ för våra fyrbenta vänner.

VAD ÄR ALTERNATIVA BEHANDLINGSFORMER?

Man skulle kunna säga att konventionell medicin, som är den behandlingsform som vi är mest välbekanta med i västvärlden, identifieras av att man behandlar sjukdomssymtomen när de visar sig. Inom alternativ eller holistisk medicin, som består av en mängd olika grenar, kan man förenklat säga att man anser att det är orsakerna till symtomen som ska behandlas i stället för själva symtomen, som man inom konventionell medicin botar med konventionella läkemedel.

Nu för tiden kan man hitta de alternativa behandlingsformer som finns tillgängliga för människor även för hundar. Det finns möjlighet att behandla sina hundar med homeopati, örtmedicin, akupunktur och kiropraktik, för att bara nämna några av behandlingsmetoderna, och det finns även veterinärer som själva arbetar med alternativa behandlingsformer och som även kan hänvisa dig vidare till andra specialister som kan hjälpa dig och din hund.

Om du alltid har gått till en vanlig veterinär med hunden kan tanken på akupunktur eller örtmedicin te sig underlig, men ofta har de personer som praktiserar dessa alternativa behandlingsformer lång

Till vänster: **Specialister inom örtmedicin kan använda samma örter – som ginkgo biloba, tempelträd – för att behandla både hundar och människor.**

erfarenhet och är kvalificerade att utföra behandlingarna. Det finns många böcker om alternativ medicin om man vill läsa på om ämnet. Och är man intresserad ska man lära sig så mycket som möjligt för att se vilka behandlingar som passar ens hund.

En sak som man betonar inom alternativ medicin är att behandlingarna tar tid och att det kan krävas att man experimenterar innan man börjar arbeta mer effektivt med behandlingen.

Anhängare av alternativ medicin anser att man slipper avigsidorna och framför allt biverkningarna hos konventionella läkemedel. Om man vill pröva på alternativa behandlingsformer kan man fråga hos sin veterinär om de kan hänvisa en vidare. Men tänk på att inte alla alternativa behandlingsformer fungerar tillsammans med varandra. Dessutom vill många utövare att man avslutar all konventionell behandling (såsom föreskrivna läkemedel) under behandlingen.

Här följer en kort översikt över de vanligaste behandlingsformerna som finns för hundar. Den är inte uttömmande men ger lite insikt om vad som finns, liksom tanken bakom behandlingarna.

KIROPRAKTIK OCH OSTEOPATI

Inom kiropraktisk medicin arbetar man efter principen att störningar i kroppens rörelseapparat, främst i muskler och leder, påverkar nervsystemet och att detta i sin tur visar sig som hälsoproblem. Det ingår att man manipulerar ryggkotorna och

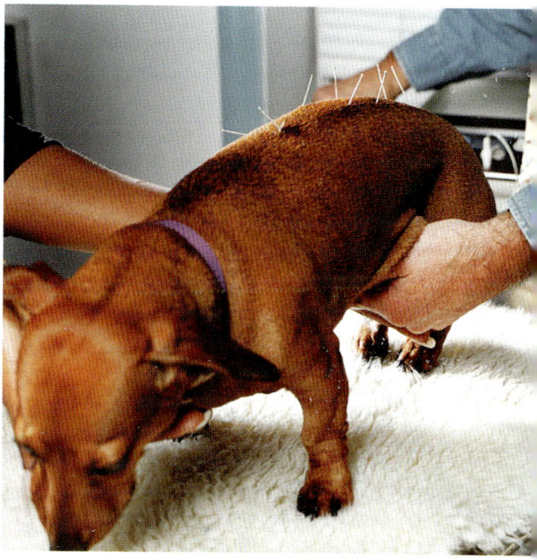

Ovan: **En specialist inom kiropraktik eller osteopati undersöker din hund ordentligt innan någon behandling sätts in.**

stimulerar dem till full rörlighet igen. Det används på många hälsoproblem hos hundar, från höftdysplasi till epilepsi.

Osteopati är också en manipuleringsterapi, men den är mer varierande, från massageliknande handstrykningar av mjuk vävnad till att "klicka" hundens leder. Osteopati används framför allt vid återhämtning efter operationer, på sträckningar och vid allmänna problem som ledsjukdomar.

ÖRTMEDICIN

Precis som namnet säger handlar det om att man använder sig av örter för att behandla hälsoproblem. Även om många konventionella läkemedel har sitt ursprung i örtbehandlingar så anser utövare av örtmedicin att växter används bäst och är mer effektiva på ett mer naturligt plan. Många arbetar med traditionell västerländsk örtmedicin, medan andra arbetar inom kinesisk medicin. Båda grenarna har sina anhängare men de skiljer sig markant från varandra.

Örtmedicin används för alla möjliga hälsoproblem hos hundar och föreskrivs ofta tillsammans med andra naturliga behandlingar. "Naturlig" ska inte förväxlas med "god" när det gäller örter, eftersom många av dessa växter har kraftfulla egenskaper. Örtkurer ska alltid föreskrivas av en professionell örtspecialist som är kunnig om hur olika örter påverkar varandra och vilka behandlingar som passar ihop med eller motverkar varandra.

HOMEOPATI

Homeopati har sitt ursprung från Tyskland i början av 1900-talet. Det grundar sig på principen att "lika botar lika" – man ger kroppen en liten mängd av ett ämne som ger samma effekt som det ämne som gör kroppen sjuk, vilket stimulerar kroppen att bota sig själv.

Homeopatiska piller och pulver innehåller mikroskopiskt små kvantiteter av de här provocerande ämnen och man tror att de fungerar som utlösare för kroppen att börja hela sig själv.

Även om man inte själv tror på homeopati och kanske anser att anledningen till att det är effektivt

Till vänster: **Många hundar gillar en mjuk massage, framför allt om de har artrit. Vissa specialister har kurser så att man kan lära sig att massera hunden hemma.**

är att patienten vill att det ska fungera, snarare än att behandlingen i sig själv är effektiv, kan man inte bortse från det faktum att metoden fungerar på hundar och andra djur, vilket ger skeptikerna något att fundera på.

AKUPUNKTUR OCH AKUPRESSUR

Akupunktur är en gammal disciplin och en viktig del inom kinesisk medicin. Det anses stimulera och reglera energin som flyter genom kroppens så kallade meridianer genom att man använder mycket smala nålar som placeras på bestämda punkter på kroppen.

I akupressur använder man fingrarna för att massera eller trycka på vissa punkter på kroppen, ofta samma punkter som i akupunktur.

Akupunktur har använts länge inom behandlingen av hundar och är mycket respekterat. Det används för en rad olika tillstånd, från hudproblem till matsmältningsproblem.

Det finns många förgreningar av behandlingen, inklusive moxibustion, som är när man bränner örter direkt på huden, nära den kritiska punkt på den energimeridian som behandlas. Ibland används även ultraljud för att hjälpa till med att rena energiflödet.

För många hundägare blir det en överraskning att hunden accepterar akupunkturnålarna och är lugna och avslappnade under behandlingen. De flesta akupunktörer utför en, två eller flera behandlingar för att lösa ett problem.

EN HISTORIA
Hudproblem

Vid sju års ålder hade terriern Ted problem med årstidsbunden hudallergi. Varje år mellan maj och september började det klia. Om klådan inte behandlades kunde hunden klia sönder sig. Veterinären hade föreslagit kortikosteroider när hunden var två år och varje år sedan dess hade Ted ätit medicin varje sommar.

Claire, Teds matte, tyckte att pillren fungerade bra ända tills en vän varnade henne för biverkningarna. Hon blev förskräckt när hon fick höra om alla möjliga hälsoproblem som kunde komma senare i hundens liv, allt från njursvikt till reumatism. Hon bad veterinären om råd och förklarade sin oro. Till sist besökte hon en praktik som sysslade med alternativ medicin. Metoderna fungerade inte direkt. De alternativa botemedlen verkade inte ha någon effekt på hunden. Men skam den som ger sig, efter några månader hade en ändrad diet och flera akupunkturbehandlingar förbättrat Teds åkomma. Innan allergisäsongen drar igång nu för tiden tar Claire med sig Ted på två akupunkturbehandlingar och han behöver inte längre ta steroider.

Beteende-problem

På flera ställen i boken har vi gett rådet att ringa en veterinär eller hundpsykolog vid svåra beteendeproblem. Professionell hjälp kan vara ovärderlig om man får problem med hundens beteende som man inte klarar av att lösa på egen hand.

BETEENDETERAPI

Även om det finns många hundtränare som arbetar med en rad olika tillvägagångssätt, från det gammaldags auktoritära till det mer moderna beteendebaserade, så användes inte begreppet ”behaviorist (beteendepsykolog) ” för 15 till 20 år sedan, förutom inom specialistkretsar.

Idag är många av dem som arbetar professionellt med att hjälpa folk med problemhundar både såväl beteendepsykologer som hundtränare. Det betyder att många av dem är utbildade i etologi – djurens beteende. De tittar på hundens naturliga beteende och se hur man kan utnyttja det till att träna hunden man har hemma.

Beteendepsykologer kan öka förståelsen mellan hunden och ägaren eftersom de ser hur både hunden och människan tänker. Om du anser att du och din hund kan bli hjälpta av en hundpsykolog är det viktigt att du hittar en som är kvalificerad att ta hand om just din hunds problem. Sök på Internet eller prata med vänner och bekanta och hör om de kan rekommendera någon som kan hjälpa dig.

Även om du inte kan hitta en certifierad beteendepsykolog så försök att ta hjälp av en hundtränare som arbetar utifrån kunskapen om djurens beteende och införlivar den i träningen och övningarna.

Det är bra att ställa massor med frågor när du kontaktar de psykologer du fått tips om. Om du redan är orolig för hundens beteende måste du vara säker på att du hittat rätt person som kan hjälpa dig.

Nedan: **Det är inte bara stora hundar som har beteendeproblem – även små hundar kan vara svåra att klara av.**

Ovan: **Om hunden blir alltför ivrig när den leker kan det skrämma andra hundar från att umgås med den.**

VAD ÄR PROBLEMET?

Hur bestämmer man om hundens beteende är ett problem? Några avvikelser är otvetydiga: om din hund är aggressiv mot andra hundar, om den vaktar eller är hotfull mot folk, om den är extremt undergiven eller lider av separationsångest när du går ut, om den är rädd för höga ljud. Om dessa beteenden minskar livskvaliteten både för dig och för din hund bör du söka hjälp.

Mindre problem, som enstaka utfall i kopplet, en motvilja att umgås med andra hundar, avvaktan mot främlingar, kan göra en fundersam. Är det bara karaktärsdrag eller problem som måste lösas?

I allmänhet kan man säga att om du tycker det är ett problem så är det det. Men problemet kan vara ett missförstånd. Din hund kanske inte förstår vad det är du vill, eller ser helt enkelt ingen mening med att uppföra sig så som du vill att den ska göra. Eftersom de lever i en mänsklig värld är de flesta hundar tillräckligt smarta för att förstå och tillräckligt intresserade för att räkna ut hur människan fungerar.

Om man har en hund som inte kan tolka mänskligt beteende kan man ha början till ett problem. Normalt sett kan dessa missförstånd lösas relativt snabbt, eftersom en hundpsykolog eller liknande kan läsa vad hunden ”säger” och förklara hur du ska få hunden att förstå vad du menar, och även få hunden att förstå att den tjänar på att lyda (genom att du ger den mer godis, lek eller bara uppmärksamhet).

FUNDERINGAR KRING PROBLEMET

Du kan börja med att hjälpa dig själv samtidigt som du kontaktar en expert. Det första en hundpsykolog kanske gör är att fråga om din hunds bakgrund, allmänna hälsa, hur den var som valp, och så vidare, samt en beskrivning av problemet. Om det är ett förutsägbart problem kanske du blir ombedd att filma medan det pågår. Ställ några frågor till dig själv innan. Genom att tänka i detalj på när problemet först framträdde och omständigheterna runt omkring kan du hitta ledtrådar som kan hjälpa till att lösa det.

SÖKA PROFESSIONELL VÅRD

När du träffar en hundtränare eller psykolog kan det gå till på följande vis. Först kommer psykologen eller hundtränaren att vilja veta saker om din hund. Ibland kanske de ber dig att göra en fysisk undersökning också, om beteendet verkar vara helt olikt din hund. En del fysiska problem kan visa sig som beteende-

KOMIHÅGLISTA
Analysera beteendeproblem

Fråga dig själv:

- Är problemet ett "av/på-problem" eller följer det ett mönster? Till exempel: Om din hund brukar vara nervös och resa ragg när den närmar sig andra hundar och nu har bitit en annan hund, då har den utvecklat beteendet och då är det inte ett "av/på-problem".
- Är din hund vanligtvis avslappnad/nervös/framåt och självsäker? Vad får dig att tänka så om din hund?
- Vad har din hund för bakgrund? Köpte du den som valp eller som vuxen? Om det förstnämnda, vad vet du om hundens föräldrar? Om du fått hunden från ett hundhem, hur mycket visste personalen där om hundens bakgrund?
- Hur beter du dig när hunden verkar nervös och defensiv? Pratar du med den, leder bort hunden i kopplet eller säger åt den att sitta?

Till vänster: **Det är inte mycket som överraskar en hundpsykolog. De har sett det mesta, från separationsångest till aggressivitet eller skygghet.**

Ovan: **Kontrollera att problemet verkligen är ett problem innan du kontaktar någon. Även om de här hundarna är inbegripna i ett tufft slagsmål berättar deras kroppsspråk att det bara är på skoj.**

förändringar. Sköldkörtelproblem kan till exempel göra hunden aggressiv. Det är därför viktigt att undersöka hundens hälsa.

Om man kan utesluta fysiska problem kanske hundtränaren eller psykologen vill träffa din hund och försöka återskapa en situation där de kan iaktta problemet när det uppträder, vare sig det är aggressivitet mot andra hundar eller nervositet/retlighet mot människor. Bli inte nervös inför det här. Det är viktigt att man får en bild av hur hunden reagerar, och om det finns ett problem är det upp till tränaren att itu med det.

Efter det att psykologen observerat hunden kommer han eller hon att gå igenom vad som verkar vara problemet, ge förslag på vad som kan orsaka det och komma med råd och en plan på hur det ska avhjälpas. Det kommer antagligen att behövas minst ett återbesök för att se hur saker och ting fungerar.

EN HISTORIA

Professionell hjälp

Sonia hämtade hem sin hund Buddy från hundhemmet. En fem år gammal korsning mellan labrador och collie. Buddy hade bott hos en gammal dam som valp och tagits om hand när kvinnan hade dött. Buddy var glad och snäll hemma, men när Sonia gick ut med honom var han mycket nervös. Han verkade vara livrädd för att vara ute och ville bara gå hem.

Sonia försökte på alla sätt förmå Buddy att gå ut, men ingenting hjälpte. Till slut tog hon med hunden till veterinären och bad om tips på bra hundtränare. Veterinären förstod problemet men ville göra en fullständig undersökning först och upptäckte att Buddy hade en infektion i örat som påverkade balansen. Veterinären föreslog att de skulle behandla infektionen först, innan Sonia tog Buddy till en hundpsykolog. Till Sonias förvåning minskades Buddys rädsla inför att gå ut omgående. Hon och veterinären drog slutsatsen att det faktum att Buddy haft problem med balansen hade gjort honom rädd för platser som han inte kände till. Beteendeproblemet var med andra ord ett fysiskt problem.

Hålla hunden ung

Förr eller senare kommer din hund att bli gammal. Hur snabbt hunden åldras och hur åldrandet påverkar hundens hälsa och välbefinnande varierar enormt mycket beroende på individen och rasen.

Första tecknet på att hunden börjar bli gammal är att den börjar bli lite långsammare och lite tröttare. Hundar som aldrig tidigare blivit trötta oavsett hur lång promenaden än varit, eller hur mycket de än lekt, verkar inte vara lika intresserade längre av långa promenader eller ansträngande motion.

Det här sker i olika takt för olika raser – större hundar lever i allmänhet kortare och de åldras därför tidigare. En ras som förväntas leva i nio eller tio år kan börja åldras vid sex eller sju års ålder, medan en ras som lever längre, kanske femton år, inte börjar åldras förrän vid tio eller elva års ålder. Ibland kan man se små fysiska tecken på åldrande, precis som man gör på människor. Hundens nosparti kanske börjar gråna och den blir mer stillastående med mindre "spring" i benen.

HÅLLA EN GAMMAL HUND AKTIV

Bara för att hunden börjar bli gammal måste den inte sluta lära sig. Självklart ska man låta hunden bestämma farten när det gäller motionerandet, men undersök andra sätt att ge hunden fysisk och mental stimulans. Hundar kan leka hela livet och du kan skräddarsy lekar som inte kräver lika mycket ansträngning av hunden. Om hunden inte längre är vig nog för att kunna hoppa efter en boll eller en frisbee finns det andra lekar som den kanske uppskattar.

I motsats till vad ordspråket

Till vänster: **Förutsatt att hunden tillåts vila mycket så är de flesta gamla hundar både aktiva och lekfulla.**

Till höger: **Om du bestämmer dig för att skaffa en ny valp, se till att den inte stör din gamla hund. Du måste vara mycket uppmärksam på deras relation.**

säger så kan man visst lära gamla hundar sitta, eller nya konster, och förutsatt att man alltid lekt mycket med hunden och umgåtts med den kan man byta ut några av de mest ansträngande aktiviteterna mot andra som håller hjärnan igång – även riktigt gamla hundar kan uppskatta lite kurragömma eller att söka efter en leksak.

Om hunden älskar vatten så är simning utmärkt motion även om hunden har ont i lederna, eftersom vattnet bär hundens vikt. Men var noga med vilket vatten hunden simmar i – starka strömmar kan vara lätta att parera för en ung hund, men alltför krävande när hunden börjar bli gammal.

EN NY HUND HEMMA

Många ägare väljer att ta hem en ny valp när deras första hund börjar bli gammal. Anledningen till varför varierar från "det håller vår gamla hund ung" till "det gör det lättare för oss när vår gamla hund dör".

Även om det ibland är sant att en ny och yngre följeslagare kan vara en välkommen lekkamrat för en godmodig äldre hund så bör man tänka igenom saker och ting ordentligt innan man rubbar status quo. Det kan vara orättvist att utmana en hund som börjar bli gammal och svag med en stojande ny valp.

Man måste dessutom ha tid och energi för att kunna ta hand om två hundar och få dem att förstå att du fortfarande är flockledaren. Om både du och din hund har sjunkit in i en bekvam medelålder tillsammans kan en ny sprudlande faktor ändra på det och du måste förstå vad du ger dig in på.

Om du efter noggrant övervägande bestämmer dig för att skaffa en yngre hund är det viktigt att passa på din äldre hunds privilegier, oavsett om de är att ha sin korg nära elementet eller få sina måltider serverade i ett särskilt hörn, så att den inte förlorar sin status när en andra hund kommer in i hemmet.

Specialdieter

Orsakerna till varför man ska ge sin hund specialfoder eller särskild kost varierar. Hundens behov kanske ändras när den blir äldre eller så har den särskilda problem som gör att den måste förändra sin diet.

Oavsett anledning så måste du kanske någon gång i hundens liv göra ändringar i dess diet.

Om du lagar hundmaten själv så kommer föreskrivna förändringar självklart inte att göra någon större skillnad eftersom du redan skräddarsyr hundens måltider. Men även om du inte lagar hundmaten själv finns det en rad olika foder på marknaden som passar för olika dieter, från torrfoder för seniorer till mat för hundar med tandproblem eller njursjukdomar.

Antagligen är det bästa du kan göra för din hund när den blir gammal att hjälpa den att hålla vikten. Övervikt orsakar lika många problem hos hundar som hos människor. Om hunden motionerar mindre när den blir gammal eller av någon annan anledning ska den ha mindre mat.

DIET FÖR ÄLDRE HUNDAR

Fram till helt nyligen ansåg man att äldre hundar automatiskt skulle byta till seniormat när de nådde en viss ålder. Nu för tiden tänker man annorlunda och den gamla ”seniordieten”, som innehåller mer fibrer, färre kalorier och mindre fett än vanlig mat, rekommenderas idag vanligtvis bara till hundar som måste gå ner i vikt eller har problem med förstoppning eller diabetes och därför behöver mer fibrer.

När hunden blir äldre blir det viktigare än någonsin att ge den kvalitetsfoder med näringsämnen

Till vänster: **Det är inte oundvikligt att en äldre hund blir fet. Det är du som bestämmer dieten!**

VARNING: ÖVERDRIVEN TÖRST

En märkbar förändring i mängden vatten din hund dricker kan indikera ett problem. Hur mycket en hund dricker varierar från hund till hund, men om mängden ökar avsevärt måste du ta reda på orsaken. Självklart dricker en hund mer när det är varmt ute, och om en hund äter kortikosteroider ökar det både aptiten och törsten, men om inga av dessa faktorer föreligger kan överdriven törst vara ett symtom på en rad tillstånd, från diabetes och njursjukdomar till Cushings syndrom (som orsakas av hormonrubbningar i binjuren). Om din hund plötsligt blir törstigare av ingen orsak alls ska du ringa veterinären.

som kroppen lätt kan tillgodogöra sig. Billigare foder kanske utger sig för att innehålla en bra balans mellan protein, kolhydrater och fett, men ofta ar de svårsmälta för en hund (en del av proteinet kan exempelvis vara pulvriserade fjädrar eller päls och inte det läckra nöt- eller kycklingkött som avbildas på paketet).

Om man inte ger hunden hemlagad mat ska man köpa det bästa högkvalitativa fodret man har råd med. Fråga din veterinär eller kolla upp diskussionsforum på nätet för att ta reda på vad olika märken innehåller. Det ger dig bättre information än att läsa innehållsförteckningen.

Det finns andra åkommor som kräver att man ändrar dieten. Raffinerade kolhydrater, till exempel, påverkar den höga förekomsten av diabetes hos hundar, och en del av diabetesbehandlingen är en diet hög på fibrer. På liknande sätt kan man behöva förändra en hunds diet på grund av allergier. Om hunden har ett allvarligt hälsoproblem bör

Ovan: **En äldre hund kan behöva anpassa sin diet för att hålla sig frisk.**

man nästan alltid göra förändringar i kosthållningen eller ge hunden kosttillskott. Man bör gå igenom hundens diet med veterinären för att komma fram till en passande lösning.

Ta hand om en gammal hund

Om hunden har gått från att vara åldrande till definitivt gammal, vilket kan vara en ålder mellan åtta och fjorton år, måste du ta hand om den mer noggrant än när den var ung och frisk. Nu är det dags att återgälda den glädje som hunden har skänkt dig.

HÄLSOKONTROLLER

Nu när din hund är pensionär brukar veterinärbesöken bli fler. Det kan finnas en hel rad av anledningar till detta, trots att din hund mår bra i största allmänhet. Det kan vara bra att gå med sin gamla hund på hälsokontroller minst en gång om året, kanske till och med två, eftersom mindre hälsoproblem brukar dyka upp oftare hos en gammal hund.

Du är den som har bäst koll på din gamla hunds hälsa. Var petnoga med regelbunden och noggrann pälsvård. Det hjälper inte bara till med att hålla din hund fin, det är även det bästa sättet att upptäcka förändringar på hundens kropp som kan vara tecken på allvarligare problem.

HUNDEN SKA HA DET BRA

Om din hund är bekväm med att du tar i den kan du lära dig massera hunden. Om du lär dig det ordentligt och masserar mjukt och varsamt

Nedan: **Se till så att hundens sovplats är mjuk och varm och skön.**

kan det lindra stelhet och smärta, precis som på oss människor, och många hundar älskar det. Det finns flera böcker i ämnet, så du kan antingen läsa dig till hur du ska göra, eller så kan du försöka hitta en massör i närheten som kan visa dig.

Tänk på att din hund får svårare att röra sig när den blir gammal. Du kanske måste hjälpa den in i och ut ur bilen. Se till så att hundbädden eller korgen står på en plats som är tillräckligt varm eller sval, hunden blir mer känslig för temperaturer ju äldre den blir. Även om hunden varit van vid att ligga på hårda ytor kommer den att uppskatta lite mjukare viloplatser nu. Skaffa en mjuk korg med en tjock dyna eller köp en ortopedisk bädd. Det blir bekvämare, framför allt om hunden lider av artrit.

KOMIHÅGLISTA
Var uppmärksam på

Kontrollera följande saker när du sköter om din gamla hund:

- Tänderna ska vara rena utan för mycket tandsten. Andedräkten ska vara fräsch. Tandköttsproblem är vanligt hos gamla hundar och kan leda till tandlossning. Det kan också vara ett tecken på allvarligare sjukdomar. Undersök munnen när du borstar tänderna, titta efter inflammerade fläckar och sår.
- Kontrollera att tassarna är rena, att trampdynorna verkar mjuka och elastiska och att klorna inte är för långa. Trampdynorna kan bli tjockare ju äldre hunden blir och det kan vara obekvämt. Man kan behandla dem med mjukgörande krämer som man köper hos veterinären eller apoteket. Om hunden rör sig mindre måste man klippa klorna även om det inte behövdes tidigare, när hunden motionerade mycket.
- Undersök hundens armbågar för att se om det finns hård hud. Det gör inte ont, men mjukgörande kräm kan göra huden mer elastisk vid dessa tryckpunkter.
- När du kammar eller borstar hunden ska du hålla utkik efter bölder och knolar på kroppen. Gamla hundar kan få godartade cystor eller fettknutor överallt på kroppen. Även om de flesta av dem är godartade ska man alltid låta undersöka knölarna.
- Undersök pälsens kondition. Päls som förut varit blank och tät kan bli gråare och tunnare med åldern. Tillskott av olja kan göra pälsen bättre, men fråga veterinären om råd innan du köper något. Kvaliteten på olika tillskott kan variera väldigt mycket.

Hundens sista år

De sista ett eller två åren i din hunds liv kräver mycket anpassning från din sida. Det är svårt att se en älskad hund bli gammal men det finns många sätt att göra hundens sista tid i livet så bekväm som möjligt.

DE SISTA ÅREN

Det enda sättet att försäkra sig om att en riktigt gammal hund har det bra är att passa på den hela tiden. När hunden var ung och stark behövde du inte hålla koll på var den var och vad den gjorde, men nu måste du vara mycket mer uppmärksam. På många sätt är det som att återgå till hundens år som valp.

Hunden måste gå ut oftare än förut för att undvika olyckor (och det kan ändå ske olyckor, inte för att hunden ”glömt” att den är rumsren, utan för att den helt enkelt inte hinner ut). Den sover mer och är även mindre uppmärksam på dig.

Gör det du kan för att hjälpa din hund. Om hunden brukade sitta bredvid dig i soffan, men nu går och lägger sig i korgen i stället, kan du erbjuda dig att lyfta upp den i soffan, eftersom hunden kanske inte orkar hoppa upp längre och därför har bytt plats. En hund som älskar att tugga kanske inte längre klarar av ett tuggben utan behöver något som är mjukare (i djuraffären finns ett stort utbud av olika tuggleksaker som passar gamla hundar).

Det är lättare för hunden om omgivningen och aktiviteterna förblir som de alltid har varit. Korgen, buren eller bädden ska stå på samma ställe som den alltid har

Till vänster: **Tar man hand om sin hund på rätt sätt kan den få ett bra liv på äldre dar, men det krävs lite ansträngning.**

gjort, och försök att hålla fast vid rutinerna. Att leka kan för en gammal hund vara något så enkelt som att rulla en tennisboll försiktigt över golvet mot hundens nos och uppmuntra hunden att putta tillbaka den, men det behöver inte vara mindre roligt för det.

Var uppmärksam på förändringar i beteendet. Om du sköter om hunden regelbundet (se sidorna 182–183) lägger du märke till fysiska förändringar, men mentala förändringar kan vara mer subtila. Gamla hundar kan bli svaga och verka förvirrade.

Det finns många tillstånd som kan leda till detta. Dövhet kan göra att hunden lätt "hoppar till" och det kan även försämrad syn göra (det hunden inte ser eller hör skrämmer den). Andra tecken, som överdriven oro, eller att hunden "förlorar blicken" under längre stunder och uppenbarligen ignorerar dig, kan vara tecken på en rad olika tillstånd. Gamla hundar kan ibland drabbas av symtom liknande dem på Alzheimers sjukdom. Tillståndet går inte att bota, men med rätt diagnos kan medicin hjälpa till att dämpa symtomen.

Prata alltid med din veterinär om du märker av kraftiga förändringar i hundens beteende och försök att ge en så detaljerad beskrivning som möjligt. Det gör det lättare för veterinären att ge korrekt diagnos och föreskriva rätt behandling.

MOT SLUTET

Oavsett om din hund är gammal och blir svagare, eller om den har en obotlig sjukdom, så kommer det en dag när du tillsammans med veterinären bestämmer att din hund inte blir bättre. Det behöver inte betyda att hundens liv är slut, utan bara att det inte går att bota hunden. Man får se till att hunden mår bra och har det bekvämt med hjälp av den behandling som finns tillgänglig, från smärtstillande medicin till besök av vänner, både hundar och människor.

Vare sig det här tar flera månader eller en vecka eller två ska du se till att du kan vara med hunden och kanske ta lite bilder av dess sista tid i livet. Fråga veterinären och be om ett ärligt svar om hundens livskvalitet, så att du kan vidta åtgärder om det inte längre är möjligt att ge hunden det den behöver.

Ovan: **Hundar som måste hjälpas in i och ut ur bilen tycker fortfarande om att titta ut när du kör.**

Säga adjö, blicka framåt

Majoriteten av dagens sällskapshundar dör inte på naturlig väg utan får somna in med hjälp av en spruta. De flesta ägare tycker därför att det svåraste med att se sin hund bli gammal och sjuk är att man måste bestämma när det är dags att avliva den.

VÄLJA TIDPUNKT

Om hunden är mycket sjuk kanske veterinären råder dig att låta den somna in. Men om hunden ”bara” är gammal och inte mår bra är beslutet vanligtvis bara ditt.

Om hunden inte har ont, men du ändå känner att det är dags, ska du tänka över beslutet ordentligt och kanske sova på saken. När du har bestämt dig för att hunden inte längre har ett fullvärdigt liv är det dags att agera. Gå igenom listan här bredvid och försäkra dig om att du tänkt igenom allt.

Det finns veterinärer som kan komma hem till dig för att avliva hunden om du föredrar det. Då är hunden i sin hemmiljö och du behöver inte flytta eller störa den, vilket kan vara mindre stressigt även för dig.

Om du bestämmer dig för att ta hunden till veterinären kommer kanske veterinären att föreslå att du ska komma tidigt på morgonen eller sent på eftermiddagen så att du inte behöver vänta.

Proceduren är väldigt enkel. Veterinären ger hunden en spruta (ibland får hunden lugnande medel först). Och kort därefter kommer hundens hjärta att stanna. Du blir tillfrågad om du vill stanna med hunden. Det är ett personligt val, de

Till vänster: **Det är alltid svårt att se en kär vän dö. Ta många bilder på din hund för att påminna dig om ert härliga liv tillsammans.**

flesta vill vara med så att de kan hålla hunden de sista minuterna.

Efter hundens död ska du ge dig själv tid att tänka efter ordentligt innan du börjar fundera på att skaffa en ny hund. Annars kommer du troligen att välja en hund som är identisk med den du precis förlorat, vilket är ett omöjligt uppdrag. Det är bättre att uppskatta en ny hund för dess egen skull, för dess personlighet och kvaliteter, och inte leta efter en ”kopia” av din gamla hund, en älskad vän. Om du haft din hund i många år ska du även fundera på om dina levnadsförhållanden och orsakerna till varför du vill ha hund har ändrats, innan du skaffar en ny.

KOMIHÅGLISTA
Innan du säger adjö

Det är alltid svårt att avliva en hund. Tänk igenom nedanstående punkter innan du ringer det sista samtalet till veterinären, för att göra det så lätt som möjligt för dig och din hund.

- Bestäm dig för var du vill att din hund ska avlivas.
- Ha en filt eller matta redo som din hund kan ligga på och svepas in i.
- Diskutera betalningen i förväg innan besöket, och betala då eller be veterinären om en faktura. Förbered dig på att du kommer att bli upprörd och ledsen direkt efter din hunds död.
- Om hunden avlivas hemma ska du fundera på var hunden har det bäst. Kanske är det i korgen, i favoritfåtöljen eller en avskild plats i trädgården, om det är en varm sommardag.
- Tänk efter om du vill begrava hunden eller om du vill att den ska kremeras (och om du vill ta hand om askan).
- Om du bestämt dig för att avliva hunden hemma ska du fundera på om du vill tillbringa en stund med hunden efteråt och planera innan vad som händer när den stunden är över. Några timmar med din hund kan hjälpa dig att acceptera att den är borta. Om du har fler hundar finns det dem som tror att det är lättare för en hund att acceptera att deras hundkompis är död om de får se kroppen, även om en hunds reaktion på döden är oförutsägbar. Somliga hundar verkar bli allvarliga och respektfulla medan andra betraktar en död hund som ett objekt och inte känns vid den som deras avlidne lekkamrat.

Litteraturtips

Det finns massor av litteratur om hundar och den handlar om allt från hundens beteende till hur man tränar och tar hand om sin hund på bästa sätt. Här nedan är ett urval av vad man kan hitta i bokhandeln och på biblioteket.

Agility – träna och tävla med din hund
Veronica Bache
Ica bokförlag, 2009

Agility – från valp till champion
Pertti Vilander,
Hannele Nykänen
Axplock, 2008

Allt om hunden
Görel och Ivan Swedrup
Ica bokförlag, 2003

Bra relation – om samspelet mellan hund och människa med TSB-modellen
Kenth Svartberg
Svartbergs hundkunskap, 2010

Din hund – hundraser i Sverige, hundens liv
Agneta Geneborg m.fl.
Bonnier Fakta, 2012

Drivkraft och motivation
Anders Hallgren
Mälarbörsen, 2006

Första hjälpen – när olyckan är framme
Ylva Trygger
Canis Academy, 2010

Hundens 50 favoritlekar
Suellen Dainty
Känguru, 2012

Hundens hud – en bok om klåda, allergi, öronproblem och pälsavfall
Susanne Åhman
Tatami, 2009

Hundens språk och tankar
Per Jensen
Natur & Kultur, 2011

Hundmassage & stretching
Anna Holmgren, Marie Söderström-Lundberg
Ica bokförlag, 2007

Hundmatboken
Marie Sallander, Åke Hedhammar, Åsa Lindholm
Svenska kennelklubben, 2010

Hundsjukdomar från A till Ö
Josefine Öberg
Ica bokförlag, 2008

Kantarellsök med hund
Anders Hallgren,
Marie Hansson
2009

Klickerträning för din hund
Morten Egtvedt,
Cecilie Køste
Canis förlag, 2007

Klickerträning för nybörjare
Natasja Atterbom
Prisma, 2008

Känn din hund – och dig själv
Kerstin Malm,
Malin Avenius
Bonnier Fakta, 2010

Rallylydnad
Yvonne Öster
Ica bokförlag, 2009

Viltspår – grunderna i eftersök för dig och din hund
Marita Carlsson
Bilda förlag, 2009

Användbara adresser

Det finns även massor av bra hundklubbar (både allmänna och rasspecifika) som man dels kan rådfråga före hundköpet, dels bli medlem i senare för att ta del av deras olika kurser.

HUNDKLUBBAR

Svenska Brukshundklubben
Box 4
123 21 Farsta
Tel 08-505 875 00
info@brukshundklubben.se
www.brukshundklubben.se

Svenska Kennelklubben
163 85 Spånga
Tel 08-795 30 00
www.skk.se

Länsklubbar inom SKK:

Blekinge
www.blekingekennelklubb.se

Dalarna
www.dkk.nu

Gotland
www.gotlandskennelklubb.com

Gästrikland
www.gastriklandskk.se

Halland
www.hallandskennelklubb.se

Hälsingland
www.halsinglandskk.se

Jämtland–Härjedalen
www.jhkk.se

Norra Skåne
www.nordskanskakennelklubben.se

Norra Norrbotten
www.imeganet.se/nnkk

Norra Älvsborg
www.nakk.se

Skaraborg
www.skaraborgskennelklubb.se

Småland–Öland
www.smokk.se

Stockholm
www.stokk.skk.se

Södra Skåne
www.sydskanskakennelklubben.m.se

Södermanland
www.sokk.se

Södra Norrbotten
www.snkk.se

Södra Älvsborg
www.sakk.org

Uppsala
www.ulkk.se

Värmland
www.varmlands-kk.se

Västerbotten
www.vbkk.skk.se

Västernorrland
www.vnkk.se

Västra Sverige
www.vakk.se

Västmanland
wkk.se

Örebro
www.olkk.se

Östergötland
www.ostergotlandskennelklubb.nu

ÖVRIGA ADRESSER

Svenska assistanshundar
Ambergsvägen 3
792 91 Mora
Tel 073-032 82 35
svenska@assistanshundar.se
www.assistanshundar.se

Svenska draghundsportförbundet
Östomsjövägen 98
790 90 Särna
Tel 076-112 15 00
sdsf@draghundsport.se
www.draghundsport.se

Sveriges Hundungdom
Box 6
163 21 Spånga
Tel 08 795 30 40
www.shu.se

Register

Om författaren

Sophie Collins är skribent och redaktör och specialiserad på hundens beteende. Hon har även skrivit *Tail Talk: The Secret Language of Dogs* och *Why Does My Dog Do That?*

Bildkällor

Getty Images/Suzanne Opton: 171ö.h.; **Ivan Hissey**: 13, 20, 23, 24, 25, 27; **iStockphoto**: övriga bilder; **The Ivy Press**: 101; **Photos.com**: 138; **Nick Ridley Photography**: 26n.h., 70n.h., 71ö.h., 114, 123n, 125, 127, 128n, 130ö, 132n, 133n, 134n, 135n.v., 136n.v., 148n.v., 172n, 185ö.h.

Bokförlaget Känguru, ett imprint till Lind & Co
www.lindco.se

Originalets titel: The Dog Care Handbook

Utgiven första gången 2010 i Storbritannien av Quercus Publishing Plc.

Översättning: Monika Andersson
Redaktör: Eva Andreasson
Sättning: Alltext Sverige AB

Tryckt i Kina, 2013

ISBN 978-91-87503-04-7